メルケルと右傾化するドイツ

三好範英

光文社新書

メルケルと右傾化するドイツ

目次

序　章　危機の震源地ドイツ……11
総選挙で揺れるベルリンから／ヨーロッパ危機の三つの位相／ヨーロッパを貫く古層／三つの位相の相互作用／近代西欧理念の限界／世界危機の中のメルケル政治／一身にして二生を経る／遅れてきた近代理念の体現者／グローバルな地殻変動

第1章　共産主義体制の孤島〈幼年、少女時代〉……41
西ドイツのハンブルクで出生／時代に抗して東へ移住／祖先はポーランド人／ヤギと鶏を飼う／障害者とともに育つ環境／最初の人生の師／ベルリンの壁建設の衝撃／余儀なくされた二重生活／望んでピオニールに加入する／理想的な女子生徒／時代の波は学校にも／ロシア語と数学で才能発揮／社会主義の中の教会／「赤いカスナー」／メルケルに映った父像／「反体制劇」で危うく放校に

第2章　雌伏の女性物理学者〈大学、研究者時代〉……87

新天地ライプチヒへ／学生結婚とディプロム論文／シュタージの勧誘／特権を享受したアカデミー／ベルリンの日常／海外旅行を敢行／別居、離婚へ／ペレストロイカの風と体制末期の貧窮／共産主義体制で成長した意味

第3章　民主化の嵐に突入〈「民主的出発」、副報道官時代〉……115

東ドイツ民主化の始動／ベルリンの壁崩れる／「民主的出発（DA）」への参加／すぐに頭角を現す／DA創設者の証言／バウハウス的な言葉／NYタイムズからプラウダまで／CDUへの鞍替え

第4章　首相への階段〈閣僚、野党指導者時代〉……137

「コールの娘」「灰色のネズミ」／異文化「西ドイツ」での屈辱／旧東ドイツの希望の星／最初からリベラル政治家／COP1をまとめる／閣議で涙を流す／ヤミ献金の発覚／コールへの絶縁状／党首に選出、厳しい船出／首相候補問題で薄氷の決断／新自由主義路線に傾斜／イラク戦争反対を批判／「アンゲラ・マキャベリ」／権力の頂点へ

第5章　危機管理首相〈第1次政権〉…………175
社民化するCDU／外交手腕で好スタート／社会保障制度改革で難航／白亜のリゾートホテルでG8／人権外交の旗を掲げる／プーチンへの悪感情／西側に背を向けるプーチン／対ロシア人権外交の挫折／ダライ・ラマ招待と激怒する中国／対中外交でも人権を貫けず／リーマンショックを迎え撃つ／単独外交の萌芽／社会的市場経済／効果を発揮した時短労働政策

第6章　ギリシャと原発〈第2次政権〉…………215
ギリシャ債務問題の発覚／減税をめぐりFDPと確執／大統領の突然の辞任／メルケルとの記者懇談／原発稼働延長、一転、脱原発へ／最もセンセーショナルな転換／倫理的な脱原発決定／戦術核は冷戦の残滓か／海外軍事貢献への疲れ／アフガンは戦争状態

第7章　世界の救世主か破壊者か〈第3次、4次政権〉…………247

メルケルと右傾化するドイツ　目次

メルケルへの信任投票／ウクライナ危機でシャトル外交／瀬戸際でユーロを救う／ためらう覇権国／難民危機の勃発／「難民男性はプール入場お断り」／ドイツは「道徳帝国主義」／「社民化」で取り残された人々／ＡｆＤ定着の衝撃／「声なき声」の顕在化／「主義」の終焉／メルケルの復元力／ドイツ人好みの人物像／心情倫理と責任倫理／geo-ethical な半覇権国／メルケル vs. トランプ／中国なしには生きられないドイツ／「一帯一路」構想の終着駅／メルケルの対日イメージ／「西側世界」の解体

あとがき　311

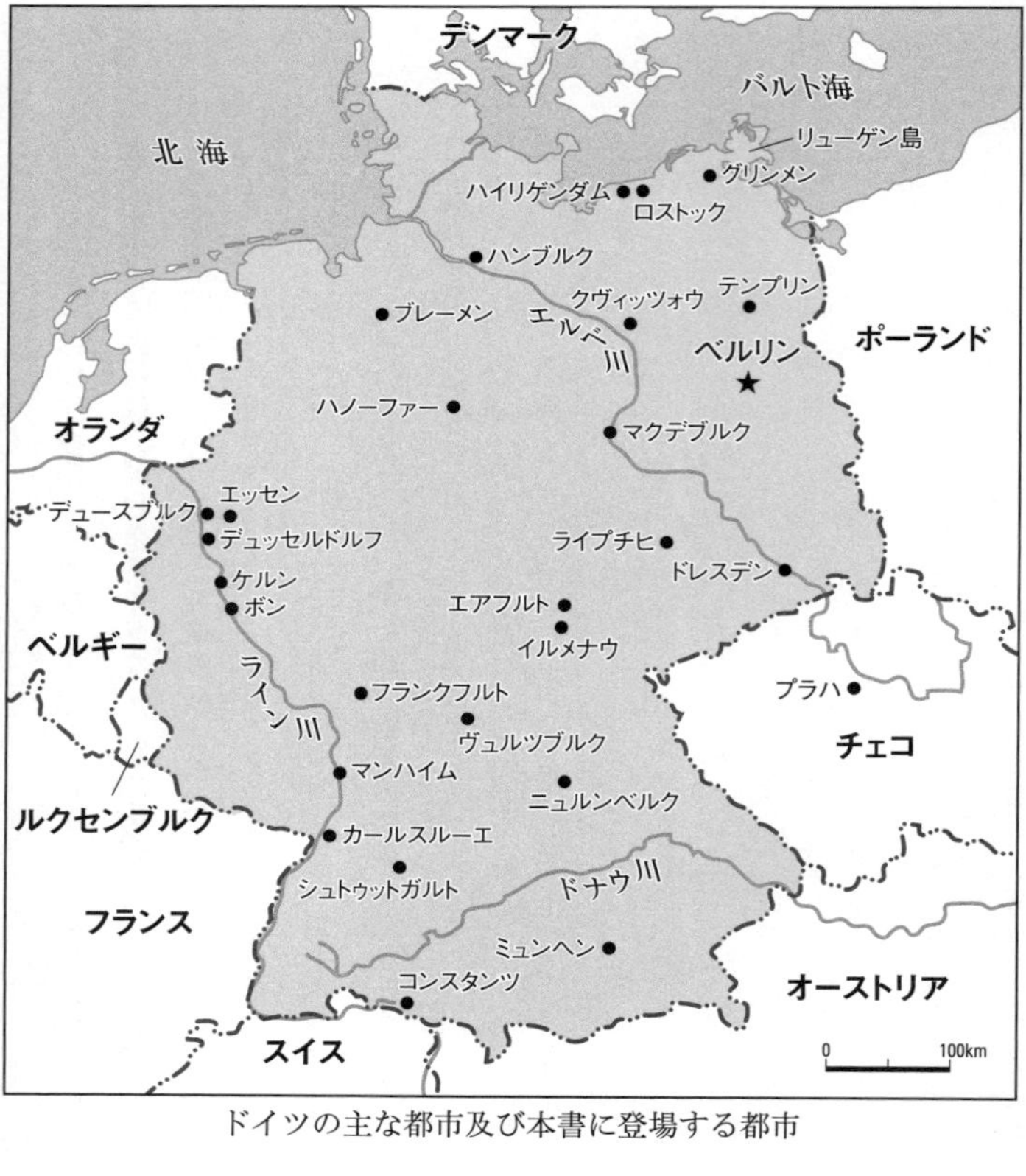

ドイツの主な都市及び本書に登場する都市

ドイツ16州の州名と州都（ベルリン、ハンブルク、ブレーメンの各市は州と同格）

序章　危機の震源地ドイツ

「ヨーロッパは、20世紀の初め以来、ドイツのリーダーシップの下で定期的に自殺する大陸ではないのか」（エマニュエル・トッド『「ドイツ帝国」が世界を破滅させる』文藝春秋、２０１５年）

◇総選挙で揺れるベルリンから

「戦略的な目標を達成したことをともに喜びたい。我々は一番の多数派になったのだし、我々が新政権を発足させる」

キリスト教民主同盟（ＣＤＵ）党首であるアンゲラ・メルケル首相は数百人の党員、支援者、報道陣を前に第19回連邦議会（下院）総選挙の勝利宣言を行った。

２０１７年９月24日午後６時50分（日本時間25日午前１時50分）、ベルリンのティアガルテン地区にあるＣＤＵ本部。この日行われた総選挙投票で、午後６時の開票直後に公共放送ＡＲＤが流した出口調査の結果は、キリスト教民主・社会同盟（ＣＤＵ・ＣＳＵ）が議会第１党（ＣＤＵとＣＳＵは別の党だが、下院で同じ院内会派を構成する。便宜的に１党と表現する）となることを伝えていた。

メルケルの挨拶は、いつもの彼女らしく笑みを浮かべながら、淡々としたものだった。ただ、時に厳しい表情がよぎった。

「過去12年間の政権担当後に、再度、最大多数派になったことは全く当たり前というわけではない。さらに大きな新たな任務が生まれた。『ドイツのための別の選択（選択肢）』（ＡｆＤ）の連邦議会への進出だ。我々は問題を解決し、人々の懸念を取り上げ、良い政治を行うことによって、ＡｆＤに投票した人を取り戻したい」

２００８年のリーマンショックによる世界金融危機から始まり、ユーロ危機、ウクライナ危機、難民危機と、ヨーロッパ、そしてその中心国ドイツは、過去10年近く波状的な危機に襲われてきた。原則的に4年に一度行われてきた総選挙は毎回、ドイツの行く末を決めてきたが、２０１７年総選挙で何をおいても問われたのは、メルケルの難民危機への対応だった。

２０１５年夏以来、メルケル主導の難民受け入れ政策は、ドイツに異次元の状況を生み出した。シリア難民を中心とした１００万人超の流入は、すでにテロの発生、犯罪の増加、受け入れに必要な財政など、ドイツ社会に大きな負担を強《し》いてきた。難民危機は国民世論を大きく分断し、そのうち難民受け入れに強く反発する世論を背景に勢力を伸ばしたのが、右派政党ＡｆＤだった。

メルケルの挨拶が歯切れの悪いものとなったのは、難民危機への対処においてメルケルに厳しい審判が下されたからに他ならない。

第1にＣＤＵ・ＣＳＵが得票率32・9％と、前回（２０１３年）総選挙より8・6ポイントも減らし、ＣＤＵ・ＣＳＵにとって、西ドイツ最初の総選挙（１９４９年）に次ぐ、戦後2番目の悪い結果となったことである。議席数は前回から65議席減らした２４６議席となった。

メルケル第3次政権で与党となっていた社会民主党（ＳＰＤ）も得票率20・5％（前回比マイナス5・2ポイント）と大きく沈んだことも合わせ、少なくとも過去4年のメルケル政治に強い不満が生まれていることが明らかになった。

第2に、メルケルが挨拶で直接言及したように、右派政党ＡｆＤ（ＡｆＤは極右政党、ポピュリズム政党などとも呼ばれるが、右派政党で統一する）が不満の受け皿となり、議会に初めて議席を得たことである。

ドイツの選挙制度は基本的に比例代表制（正確には小選挙区比例代表併用制で、小選挙区制の要素が加味されている）で議席獲得には5％以上の得票率が必要だが、ＡｆＤは前回総選挙では４・８％と、議会進出はできなかった。今回は12・６％、94議席を獲得し、一躍、議会第３党となった。

ＡｆＤの下院進出は、ドイツにとって極めて深刻な意味を持つ。ナチ・ドイツ（１９３３〜１９４５年）の歴史に対する贖罪を物事の判断基準とするドイツ知識人にとって、難民受け入れの制限、ユーロからの離脱、歴史教育の見直しなどを選挙綱領にうたうＡｆＤは元来、存在そのものが許容されないと考えられてきた右派政治勢力だからである。

しかし、この右派政党が下院進出により、ついに「市民権」を得た。２０１７年総選挙はその意味でドイツの戦後政治史を画するものとなった。影響は政治の局面にとどまらず、ドイツの「戦後思想」一般にまで及ぶことになるだろう。

政治構造的には、これまでドイツ政治を牽引してきた二大国民政党の凋落が顕著となり、それと裏腹に、ＡｆＤだけでなく中小政党がおおむねメルケルへの不満の受け皿となった。中道リベラル政党の自由民主党（ＦＤＰ）、環境政党「同盟90・緑の党」（以下、緑の党）、東ドイツの社会主義統一党（ＳＥＤ、事実上の共産党）の流れをくむ「左派党」が議席を伸ばし、下院に議席を持つ政党は全部で6党（ＣＳＵを1党と数えれば7党）となり、多党化現象が明らかになった。そのことは連立の組み合わせを複雑化し、政治を不安定化するだろう。

選挙結果を受けて、メルケルはＣＤＵ・ＣＳＵにＦＤＰ、緑の党を加えた3党連立を試みたが、11月19日に連立交渉は決裂した。その後、ＳＰＤとの交渉に入ったが、その成否は本書の執筆時点ではわからない。

ただ、これまで安定を第一義に構築されてきたドイツの政治システムが、それを裏切る制度的側面を持っていることが明らかになった。政治構造面からも、ドイツ政治は大きな転換期を迎えている。

選挙の出口調査が発表された瞬間、私はベルリンの中心街の一つアレクサンダー広場にいた。開票に併せ各党はパーティーを開くが、ＡｆＤのパーティーの開催場所が、同広場に近いレストランだったからである。事前に登録していなかったため会場には入れず、私はＡｆＤ躍進に反対する、１００人程度の左翼集団の若者たちの写真を撮ったり、パーティーに来たＡｆＤ支持者の話を聞いて過ごした。

私はそこに1時間半とどまった後事務所に戻ったが、反ＡｆＤの人々はその後も増えて、数百人になり、警察に規制されながらもＡｆＤのパーティー会場を遠巻きにして、反ＡｆＤのスローガンを叫び続けた。投開票日当日のアレクサンダー広場の光景は、今後のドイツ政治の緊張を予見するものだった。

◇ヨーロッパ危機の三つの位相

ヨーロッパを襲う10年来の危機の連鎖とは、世界金融危機に続く、２００９年来のギリシャ債務危機、ユーロ危機であり、さらに２０１３年11月以来のウクライナ危機は、２０１４年3月、ロシアによるクリミア併合、東ウクライナへの軍事介入へ至る。２０１５年7月、ギリシャのユーロ圏離脱の瀬戸際まで行った危機を回避したのもつかの間、２０１５年秋、難民危機が深刻化した。これらの危機と並行しながら、頻発するテロ事件がフランス、ベルギー、ドイツ、英国、スペインを震撼させている。

ヨーロッパの混迷は深い。イギリスが2016年6月23日の国民投票で、欧州連合（EU）離脱を決めたことは、その混迷の渦の中から生まれた一つの現象である。米国のドナルド・トランプ（1946年生まれ）大統領の誕生もこのヨーロッパの混迷と無縁ではない。ドイツ総選挙の結果もその余震の一つだった。

いずれの危機にも深く関わってきたのが、メルケルだった。危機解決のために尽力する姿が印象深いが、実はいずれにおいてもメルケルの政策こそが、危機を醸成し促進することに関わっていた。

本書はメルケルの生涯と業績をできるだけ客観的にたどる伝記を目指すが、貫く視座があるとすれば、メルケル率いるドイツこそ世界の地殻変動の一つの震源地ではないか、という仮説である。

ヨーロッパの危機は三つの位相で現れている。

第1にヨーロッパの各国内で、第2にヨーロッパ各国間で、第3にヨーロッパとヨーロッパ外、とりわけ周辺国との間で、である。

第1の位相、国民国家の内部における危機をやや詳しく見るならば、現象として最も顕著なのが、各国内でのテロの続発と、台頭著しい右派政治勢力だろう。

2015年11月13日、死者130人を出したパリ同時多発テロ事件をはじめとする事件の記憶は生々しい。フランス大統領選挙で、国民戦線候補マリーヌ・ル・ペン（1968年生まれ）が決選投票に進出し、2017年5月7日の決選投票で33・9％の得票を得た。オランダの2017年3月15日に行われた総選挙では、ヘルト・ウィルダース（1963年生まれ）党首率いる自由党が議席を伸ばし第2党となった。オーストリアでも2017年10月15日の総選挙で、厳格な難民規制を訴えた中道右派の国民党と右派の自由党が躍進し、両党で連立政権を発足させた。英国のEU離脱決定に英国独立党（UKIP）が果たした役割は大きい。ヨーロッパの多くの国で反難民・移民、反EUなどを掲げる右派政党は、20〜30％の支持を集めるに至った。

◇ヨーロッパを貫く古層

第2の位相は、ヨーロッパ諸国間の対立である。ヨーロッパ統合における本質的な課題に対して各国間の姿勢の違いが拡大し、統合へのモメンタム（勢い）が失われ、遠心力が力を増している現実である。

確かにヨーロッパは文明的に一体性を有し、アジアに比してはるかに統合への必然性がある。しかし、戦後ヨーロッパを導いてきた統合理念より深いところには、地理的、歴史的に培われてきた「古層」が存在する。そこには多重の断層が走っており、遠心力が働く現状で、断層が亀裂へと拡大していると見ることができる。

主要な断層は、ヨーロッパ大陸を縦、横、斜めに走っている。

それは第1に西と東の間の亀裂であり、主に歴史の相違から来る。古代ローマの版図だった地域と、その外側の地域の違いは現代にまで至るが、直接的にはナチ・ドイツ（ヒトラー）支配の過去を主に背負うのか、ソ連（スターリン）支配の過去なのかという違いである。そこから、ロシアに対する脅威認識の違いや、国家（ナショナリズム）に対する根本姿勢の違いが生まれる。

ドイツにとってロシアとは時に手を結ぶ対象だが、バルト三国や東ヨーロッパ諸国にとっては国の独立を脅かす具体的な脅威である。ナチズムの否定の上に生きるドイツ知識人にとって、国家とはやがて超国家的組織に包摂されるべき超克の対象だが、東ヨーロッパ諸国にとってはロシア、ドイツをはねつける最後の砦である。西ヨーロッパではリベラリズム、国家主権の超克、多文化主義が、東ヨーロッパでは保守主義、ナショナリズム、国民の均質性の要請が優勢であり、ドイツの難民受け入れ政策に対して、東ヨーロッパ諸国の大勢は難民受け入れを厳しく制限する。

第2の断層は南北を分ける。それは経済、社会システムの相違から来る。法治主義が貫かれる北ヨーロッパと、縁故主義が幅をきかせる南ヨーロッパであり、例えばギリシャに対しドイツが徴税強化や緊縮財政を求めたところで、そもそも近代的な官僚システムが十全には機能しない現実がある。その相違は、政治や公共に関する意識の違いから、人生観の違いにまで遡《さかのぼ》りうるものである。

そして第3の断層とは、島嶼《とうしょ》・沿岸ヨーロッパと内陸ヨーロッパを分ける斜めの線である。それは、自由貿易立国の英国、オランダなどの海洋ヨーロッパと、歴史的に領土拡大にこだわってきた大陸ヨーロッパとの、国家存立の原理に関わる断層である。ここでもイギリス経験論とドイツ観念論に代表されるような、根本的な発想や哲学の違いが存在する。ヨーロッパで王制を維持している国を結べば、ほぼこの斜めの断層に重なるのは偶然ではないだろう。

◇三つの位相の相互作用

第3の位相、ヨーロッパとそれ以外の地域との矛盾について言えば、まず、ヨーロッパとロシアの間の対立の深刻化である。2014年のロシアのクリミア併合とウクライナ東部への軍事介入に対抗して、EUはロシアに対する経済制裁でのぞんだ。

さらにトルコと、EU諸国の関係も険悪化している。ドイツはトルコ大統領レジェップ・タイイップ・エルドアン（1954年生まれ）の強権政治への批判のトーンを強め、トルコ政府によるドイツ国籍を持つジャーナリストの長期拘留に抗議している。また、エルドアンは、EU諸国に居住するトルコ人、ないし二重国籍を持つトルコ系市民を自国選挙や国民投票に動員し、これに対しドイツ、オランダがトルコ政治家の自国での政治集会開催や、入国を禁じるなどの措置に出た。

この三つの位相の危機は相互に深く絡み合っている。

2009年からのユーロ危機というユーロの構造に起因する第2の位相での危機は、経済基盤の弱い南欧諸国の経済を窮地に陥れ、高失業率などを通じて、ギリシャ、イタリア、スペインなどの国内政治の不安定化という第1の位相での危機につながった。

それがさらにＥＵの分裂傾向を助長するという第２の位相の危機に跳ね返り、２０１５年の難民大量流入が重なった。ＥＵレベルでの出入国管理の欠如が、テロの続発や、各国内の右派政党の勢力拡大をもたらし、難民受け入れに積極的なドイツ、スウェーデンなどの国と、原則的に拒否するポーランド、ハンガリーなどとの対立も生み出した。

第３の位相のウクライナ危機に際してＥＵは結束を保ち、対ロシア制裁を堅持して来た。しかし、ドイツ国内で制裁解除を求める声があり、イタリア、オーストリア、ハンガリーなどは解除に前向きで、第１、第２の位相の危機に発展する可能性もある。

◇近代西欧理念の限界

こうした三つの位相にまたがったヨーロッパの危機の根底には何があるのか。

それは、自由、民主主義、人権、寛容といった近代西ヨーロッパの理念と、それを土台とした国民国家の超克、多文化共生、移動の自由といった第２次世界大戦後のヨーロッパ統合の理念、あるいはリベラルな秩序が、限界に突き当たっていることだろう。それどころか、理念を貫こうとすればするほど現実により裏切られ、逆流現象すら引き起こしている。端的な例が難民危機への対処である。寛容の理念を高く掲げれば掲げるほど、難民がヨーロッパに殺到し、各国内で非寛容な政治勢力の台頭を招き、国境管理の強化に踏み切らざるを得ない。

共通通貨ユーロは、ヨーロッパの平和や統合の達成の象徴であり、さらにその導入によって、経済ばかりでなく平和をもさらに確固としたものにするはずだったが、反対に南ヨーロッパ諸国内の失業者の増大や各国間の軋轢《あつれき》を生んでいる。平和や統合の理念を至上のものとする余り、経済的基礎条件の全く異なる北ヨーロッパと南ヨーロッパを共通の通貨圏に押し込めたことがユーロ危機の根本原因だった。

1989年11月9日の「ベルリンの壁崩壊」を象徴的な出来事として、世界は「歴史の終わり」の楽観主義で覆われた時期があった。特に国民国家の併存をEUの制度化によって超克するヨーロッパ統合の道こそ、グローバルに適用可能な至高の理念、実践として称揚された時期もあった。ヨーロッパ統合の基本理念に盛られた諸価値の普遍性、優位性が証明されたのであり、それは、やがて西ヨーロッパだけではなく、東ヨーロッパからロシアにも及び、これらの国々もやがて自由で民主的な国家体制に移行して行くであろう。その楽観主義を基に北大西洋条約機構（NATO）やEUの東方拡大も遂行されたのであり、米国や西ヨーロッパの多くの指導者に、冷戦思考を引きずったままロシアを封じ込める意図はなかっただろう。

しかし、東方拡大がロシアの近傍に到達したとき、ロシアの国家理念との衝突は避けられなかった。冷戦後ヨーロッパのリベラルな国際秩序と、ロシアの、自国の周辺に主に軍事力を背景に影響力の及ぶ範囲を確保するという勢力圏思想とは対極をなす。ウクライナを近代ヨーロッパ理念に包摂する試みが、ロシア大統領ウラジーミル・プーチン（1952年生まれ）の反発を招き、クリミア併合を引き起こすきっかけとなった。少なくともプーチンが率いる間、ロシアは勢力圏思想に基づき、ソ連邦崩壊後に甘んじた失地の回復を目指す動きを続け、ヨーロッパの普遍主義への敵視を変えることはないだろう。

第2次大戦後の西ヨーロッパ諸国はヨーロッパ統合理念を押し立てて、世界で優越的な地歩を占めようとしてきた。ナチズム（国民社会主義）の歴史を背負う故に、国家の存立基盤を人権とか寛容といった「普遍的理念」に昇華させることによって、その克服を実現しようとするドイツにこそ、ヨーロッパ統合理念は最もふさわしい思想だった。

しかし、ドイツはヨーロッパにおいても一つの特殊例なのである。先の言葉を使えば、「断層」を隔てた英国もフランスもドイツほどは国家否定的ではない。さらに「国民国家」を生存の最後の保障と見なすポーランドなど東ヨーロッパ諸国は、それを否定するかのような外からの働きかけには強く反発する。これらヨーロッパ諸国の世界観は大きく隔たっており、根本的には架橋不可能だろう。

宗教の多元性を認めないイスラム教をヨーロッパの多元的な秩序にどう組み込むかも、まだ回答が見えていない。それどころか、ヨーロッパで起きたテロ事件の実行犯たちの多くが、ヨーロッパで生まれ育ったいわゆるホームグロウン（自国産）のテロリストたちである。移民や難民は、他の文明より優れたヨーロッパ近代理念に向けていずれは同化（統合）されていく、とする前提は大きく揺らいでいる。いくらヨーロッパ近代理念が明るく健康なものであっても、それを肯《がえ》んじることができないばかりか敵意を募らす人間性の本質の一面がある。それは社会に暗く澱み、ルサンチマン（弱者が強者に対して懐《いだ》く怨恨）は繰り返し再生され、破壊衝動へと結びつく。

人間は理想に向かい可変的であるという性善説を基礎にした進歩主義は、今やしっぺ返しを受けているのだろう。世界や人間の本質への根源的な哲学を忘れたヨーロッパ統合理念、ひいてはヨーロッパ近代理念そのものへの過信が問題だったのではないか。

◇世界危機の中のメルケル政治

文明史上の危機と言っても過言ではない、内破（implode）する恐れがあるヨーロッパの中心にいるのがメルケルである。

メルケルに対しては、ドイツやヨーロッパ安定の一つの要となっている、という評価がある。実際、ユーロ安定化のために尽力し、ウクライナ問題でのミンスク和平合意をまとめるのに主導的な役割を果たした。さらにトランプが守るべき従来の価値や秩序から大きく逸脱する言動を繰り返す中で、メルケルが世界政治で果たす役割への期待もある。

ただ、激動の世界における、メルケルの役割を肯定的にのみ捉えたのでは、その本質を見失う。メルケルのいくつかの政策は、ヨーロッパ統合の理念に沿いながら、過度に倫理的な色彩を帯びたものだった。一時期の対中、対ロシア外交、２０１１年の脱原発決定、２０１５年の難民の上限なしの受け入れ決定などである。ユーロ危機対処としての緊縮財政への強いこだわりも、倹約の美徳という倫理への執着という意味で、ここに加えてもいいのかもしれない。

これらは時に大きな混乱をドイツ国内のみならず、ヨーロッパ全体にも与えた。中でも難民受け入れ決断は、その最も深刻な結果をもたらした。

その決断は、２０１７年までに約３００万人の難民がヨーロッパ大陸に押し寄せる誘因となり、三つの位相のそれぞれで危機の最大の震源地となった。

第１の位相では、ドイツのＡｆＤをはじめ、ヨーロッパ各国で右派政党の勢力拡大をもたらし、第２の位相にあるヨーロッパを走る東西や斜めの断層にも波及し、英国ＥＵ離脱につながった。メルケルの難民政策はトランプ大統領誕生にも幾分か作用したかもしれない。

ヨーロッパは難民との共存を迫られるが、テロ事件は今後も断続的に起こるだろう。三つの位相にわたる危機の残響は相当長期にわたることを覚悟しなければならない。２０１５〜２０１６年の難民流入は、ヨーロッパ史の一つの分水嶺になるのではないか。

◇一身にして二生を経る

メルケルは世界の主要国の政治指導者としては、近年では異例とも言えるほど長期間、その地位にとどまっており、米雑誌「フォーブス」は２０１７年まで7年連続（通算12回目）で、世界で最も影響力のある女性に選出している。確かに、主要国ドイツを12年間の長期にわたって率いてきたこと自体が、メルケルが優れた政治家であることを物語っている。

メルケルは異色の首相である。ドイツ史において最初の女性の首相であり、最初の東ドイツ出身者（出生は西ドイツ・ハンブルク）、最初の戦後生まれの首相である。カトリックが優勢なCDUでは少数派のプロテスタントである。

メルケルは同時代の先進国の人間としては、なかなか劇的な人生の軌跡をたどった人である。その人生は、東西ドイツの分断と統一、その後の歩みという激動のドイツ現代史を体現している。世界の地殻変動と政治家メルケルの誕生とは切り離せない関係にある。

メルケルの父がプロテスタント牧師であり、一家が東ドイツ体制の中で抑圧を受ける立場にあったことは、自由に対する鋭い感覚を生んだ。また、教会が経営する障害者施設と同じ敷地内で育ったことは、弱者への人道的な気持ちを育んだだろう。時に過度に理想主義的な思想と行動の理由を探る時、生まれ育った環境と時代抜きには理解しえない。

その人生は福沢諭吉の言う「一身にして二生を経る」を地で行っている。彼女は、共産主義体制であった東ドイツと、資本主義体制の西ドイツを継承した統一ドイツという、大きく異なった二つの世界を生きることになった。メルケルはドイツ統一のとき、36歳だった。ほぼ前半生を東ドイツ体制下で過ごしたことになる。

東ドイツ国民はこうした二生を余儀なくされたが、メルケルの場合、東ドイツ体制の正統的な科学研究機関の自然科学研究者から、西ドイツ主流の保守系政党政治家という、全く異質な立場と職業へ移ったことで、さらに劇的な色彩を帯びる。

ただ、メルケルはまるで蝶がさなぎからかえったような完全変態を成し遂げたわけではない。いくら二生とは言っても、それを貫く連続性は存在した。むしろこの連続性こそメルケルという人間を物語っており、メルケルを深く理解する上で、本質的な部分に関わる。

メルケルには西ドイツ・ハンブルク生まれ、という意識が常にあった。一方、家族が警戒の対象とされたことで、東ドイツ体制はあくまで異質な他者としか認識されなかった。彼女の心の中では西ドイツ体制との一体性の意識の方が強かったのである。

メルケルがやりたいことや能力を発揮する対象は、基本的には一貫していたと思われる。ただ、東ドイツには自己実現を図る現実的な条件が皆無だった。物理学者としての道が、体制との折り合いをつけながら内面の自由を維持できるほぼ唯一の道だった。彼女がもし西ドイツで育っていれば、物理学者の道は選ばなかっただろう。統一ドイツという舞台が用意され、初めてのびのびと、その能力と個性を発揮できるようになった。

ドイツ統一（１９９０年）によって、東ドイツの支配政党ＳＥＤに独占されていた東ドイツのエリート層は解体し、政治の世界は西ドイツの各政党を単位とするヒエラルキーだけが残った。メルケルはそこに単身、連邦議会議員として乗り込んだ。

首相のヘルムート・コール（1930～2017年、首相在任1982～1998年）がメルケルを初当選で閣僚就任という異例の抜擢をしたきっかけは、ドイツ統一後最初の組閣で旧東ドイツ重視の姿勢を打ち出したいがためだった。メルケルの東ドイツ育ち、女性、プロテスタントというCDUの中で異端である希少価値が有利に作用した。

ただ、メルケル個人の能力が高くなければ、周囲から評価され重用されるわけはない。メルケルにはやはり断然光るものがあった。優秀で仕事ができることは衆目の一致するところだった。東ドイツ体制の下で、潜在力がありながら雌伏を余儀なくされていた人材だった。

◇遅れてきた近代理念の体現者

メルケルの政治スタイルについて、近くで働いた人間が一致して証言するのが、朝から晩まで働く勤勉ぶり、人の話をよく聞き素早く理解する能力、たぐいまれな記憶力などである。側近の政権高官も2011年2月、ドイツ外国特派員協会の勉強会で、「理解力、記憶力が抜群で、2年前のフランス大統領ニコラ・サルコジ（1955年生まれ、在任2007～2012年）との会見内容を正確に覚えていてびっくりさせられた」と語った。

決断は慎重であり、機が熟し事態の方向がはっきりした時を待って決断する。結果的に、多様な当事者の立場を取り入れた折衷的な政策を採用することが多い。日本語では「忍耐の政治」とか「待ちの政治」とでも言えるものだろうか。コールの政治スタイルを表現するために使われた「無為のままじっと耐え抜く」を意味するドイツ語の aussitzen という言葉がある。メルケルはコールのこうした政治スタイルに学んだ、とも言われるが、彼女の持って生まれた資質によるところが大きいだろう。

そして、メルケル自身の言葉を借りれば、「一旦決断した後は迷うことはない」。ただ、しばらくたてば、事態の進展に合わせて大胆に政策変更をすることもいとわない柔軟性もある。

メルケルが立っているときにほぼ必ず取る姿勢として、へその位置で両手の親指と他の指でひし形を作る、いわゆる「メルケルの矩形《くけい》」がある。メルケルは、なぜそのような姿勢を取るのか、と問われて、「対称形がすきだから」と答えている。

もともと自然科学者であった彼女の合理的志向を示す例として引用されるクセである。これは一つの象徴でしかないが、メルケルは決定を合理的計算の下に行おうとする強い志向を持っている。

２０１３年総選挙でのＣＤＵ勝利集会で、会場で打ち振られるはずだったドイツ国旗を急遽回収させた。メルケルに関する著書があるシュピーゲル誌記者ディルク・クルビュヴァイトは、彼女の愛国心を「冷静なナショナリズム」と名付けているが、情動を排するのがメルケル流の政治である。

同時にメルケルはその生育環境や牧師の娘らしく、プロテスタント信仰に培《つちか》われた堅い人道主義を持っている。その人間観の中心はキリスト教的倫理を下敷きにした主体性の尊重にあり、他者に対してもそうした振る舞いを過度に期待するところがある。倫理的な問題が絡む政策決定では、慎重さや折衷性は忘れられ、即断や単独行動が前面に出てくる。2015年の難民上限なし受け入れを決断したときも、自国民ばかりでなくヨーロッパ各国にも一方的に寛容な難民受け入れを求めた。

押し寄せる難民を全て受け入れることは称賛に値する人道主義だが、政治家としての上限なしの受け入れ宣言が、難民を非合法に送り出す密輸業者を活気づかせ、むしろ非人道的な状況を増幅させる危険性があることは、普通の世知があれば理解できるだろう。

合理的に見通せる範囲、道徳や理想が通用する範囲は限られており、きれいごとだけに終始していては多くの人が不幸になることがある。逆に一見無慈悲な政策が、結果的に多くの人の幸福につながることもある。決断には常に賭けの要素がつきまとうことや、人間の不完全性への認識が不十分なのではないか。メルケルは自分が信じる人間のあるべき姿と、邪悪な面を併せ持つ現実の人間の姿を混同しているのではないか。

合理的な世界像と人間理性への信頼とが結びついたものがヨーロッパ近代理念の根本にあるとすれば、メルケルはそのよき体現者である。東ドイツという近代以前の社会で育った出自から「遅れてきた近代主義者」という言い方がふさわしいかもしれない。それ故になおさら近代理念に固執するという面があるのかもしれない。

イタリア在住作家である塩野七生が、ギリシャ債務危機に関してギリシャに執拗に緊縮財政を求めるドイツの姿勢を批判して、「ドイツ人たちも、ギムナジウム（中等教育機関）ではアリストテレスを学んだのではないか？　この論理学の創始者である古代のギリシャ人は言っている。『論理的には正しくても、人間社会では正しいとは限らない』。このバランス感覚である。古代の人にあったこの中庸の精神が、何故近現代のドイツ人には無いのか？」（「文藝春秋」２０１５年９月号）と巧みに書いているが、このドイツ人一般への評価は、メルケルにこそよく当てはまる。塩野は「家計簿的発想しかできないメルケル」と辛辣だが、彼女を大政治家と手放しに評価することをためらわせるものが確かにある。

◇グローバルな地殻変動

メルケルの理想主義的な側面は、強い反発を招きながらもドイツ人一般の間で強い支持がある。打算や妥協を基にした調整としての政治より、道徳、価値の貫徹を優先する理想主義的な政治を好む傾向は、形を変えてこそあれ、ドイツ史上繰り返されてきたドイツ国民の性《さが》だろう。

それに加え、冷戦崩壊後のヨーロッパと統一ドイツの約四半世紀の軌跡が重なる。ドイツに限って言えば、スイスとオーストリアを除き周辺国全てがNATO、EU加盟国となった安全保障環境の改善や、通貨安などユーロ・システムの恩恵を受けた経済の好調が、政治の倫理化を許すだけの心理的余裕を与えた。

かつての東西ドイツのように、それぞれの陣営の力と価値の源泉であるソ連（ロシア）と米国に従う必要もなくなった。冷戦期が例外的な時代だったのであり、統一ドイツの変化は、両大戦以前に遡るドイツの先祖返りの側面も持っているかもしれない。

ヨーロッパの危機は、グローバルな変動とつながっている。その最も本質的な流れこそ、英国EU離脱とトランプ米大統領の出現によって、いわゆるアングロサクソン世界と、ドイツが主導するEUとの離反が顕著になっていることだろう。トランプとメルケルという両政治家の関係は極めてよそよそしい。これは単に両人の相性の悪さにとどまらない、国家関係の構造的変化を反映しているのだろう。

近年のドイツ世論の米国離れは顕著であり、トランプ大統領の誕生でそれが決定的になった。反対に、トランプのメルケルに対する敵意とも言えるほどの感情の原因は、政策に対してだけではなく、理想主義的な政策を進めるメルケルという人間や、それを支持するドイツ国民への反感でもあろう。とりわけ移民規制を看板にしたトランプは、メルケルを不法移民の増大に力を貸した、世界の人の移動の秩序破壊者と見ているのだろう。

英国と米国といういわゆるアングロサクソン世界の二つの国は、19世紀から今日まで、市場重視、自由貿易を基調とした世界経済秩序で世界を牽引してきた。その二つの国がそろって、これまでの国際秩序を大胆に変える挙に出ている。その帰趨《きすう》はなかなか見えてこないが、このアングロサクソン世界の「革命」とも言える現象は、これまでの理念の限界をいち早く察知し、舵を切ったと見ることも可能なのではないか。

ドイツが主導してきたヨーロッパ統合は、経済的利益という動機よりも、多分に第2次世界大戦やナチ支配の教訓を土台とした国民国家否定、平和、人道といった理念優位で進められてきた事業だった。メルケルの理想主義的な難民政策やトランプへの対応を見るにつけ、ドイツがプラグマティックなアングロサクソン的価値から離れ、理想先行の「道徳帝国主義」（ハンガリー首相のオルバン・ヴィクトル）化している印象を強くする。

英国のEU離脱はこのドイツの理念から見れば逆行や裏切りでしかないが、英国には、ドイツの影響力の強まったEUは、ドイツ的思弁の持つ危うさを帯び始めていると映っているのだろう。ドイツ主導の大陸ヨーロッパに距離を置きたいという、イギリス人の本能が働いたのではないか。

こうしたアングロサクソン世界とヨーロッパ大陸との分裂を見て、中国、ロシアがヨーロッパを標的にしきりに揺さぶりをかけている。中国はあたかも自由貿易体制の守護者であるかのような自己演出に熱心だし、ロシアはヨーロッパ各国の右派政治勢力などをテコにヨーロッパの世論を引き寄せようとしている。

世界の主要国間の関係は、第2次世界大戦後の72年間の基準では推し量れない合従連衡の様相を呈してきた。メルケル率いるドイツがこの合従連衡にどう絡むのか。彼女の合理主義と理想主義が結びついた振る舞いが、世界の行方に計り知れない影響を与えているのかもしれない。そんな問題意識を持ちながら、「メルケルとは何者か」という問いへの答えを探す試みを始めたい。

本来、参考にした文献の引用箇所をいちいち明記するべきところだが、紙幅に制約がある新書の性格上、以下、本書が依拠ないし参考にした文献の一覧を掲げることで代えたい。写真は、著作権者の記載のないものは著者撮影である。

東ドイツ時代のメルケルについては、以下の著作に大きく依拠している。

Wolfgang Stock, *Angela Merkel, Eine politische Biographie*, Olzog, 2000.
Gerd Langguth, *Angela Merkel*, Deutscher Taschenbuch Verlag, 2005.
Jacqueline Boysen, *Angela Merkel, Eine Karriere*, Ullstein Buchverlag, 2005.
Ralf Georg Reuth, Günther Lachmann, *Das erste Leben der Angela M.*, Piper Verlag, 2013.
Volker Resing, *Angela Merkel, Die Protestantin, Ein Porträt*, St. Benno Verlag, 2015.

また、政治家になってからの事績と評価については、

Stefan Kornelius, *Angela Merkel, Die Kanzlerin und ihre Welt*, Hoffmann und Campe,

2013.
Judy Dempsey, *Das Phänomen Merkel, Deutschlands Macht und Möglichkeiten*, edition Körber-Stiftung, 2013.
Alan Crawford, Tony Czuczka, *Angela Merkel, A Chancellorship forged in crisis*, Wiley, Bloomberg Press, 2013.
Dirk Kurbjuweit, *Alternativlos, Merkel, die Deutschen und das Ende der Politik*, Carl Hanser Verlag, 2014.
Matthew Qvortrup, *Angela Merkel, Europe's most influential leader*, Duckworth Overlook, 2016.
Jopsef Schlarmann, *Angela Merkel aus der Nähe*, Lau-Verlag, 2017.
Robin Alexander, *Die Getriebenen, Merkel und die Flüchtlingspolitik: Report aus dem Innern der Macht*, Siedler, 2017.
に依拠するところが大きい。

また本文中、東ドイツ時代を扱った章で、メルケル：「……」の形で引用したメルケル自

身の発言の大半は、

Angela Merkel, *Mein Weg, Ein Gespräch mit Hugo Müller-Vogg*, Hoffmann und Campe, 2005.

から引用している。

さらに、日本の政治、社会学者、ジャーナリストによる以下の本、論文も参考にした。

近藤正基『ドイツ・キリスト教民主同盟の軌跡――国民政党と戦後政治１９４５～２００９』（ミネルヴァ書房、２０１３年）

西田慎、近藤正基編著『現代ドイツ政治　統一後の20年』（ミネルヴァ書房、２０１４年）

佐藤伸行『世界最強の女帝メルケルの謎』（文藝春秋、２０１６年）

井関正久『戦後ドイツの抗議運動　「成熟した市民社会」への模索』（岩波書店、２０１６年）

清水聡「冷戦とプロテスタント教会――東ドイツ国家による教会政策の展開と『社会主義の中の教会』」益田実／池田亮／青野利彦／齋藤嘉臣編著『冷戦史を問いなおす　「冷戦」と「非冷戦」の境界』（ミネルヴァ書房、２０１５年）

河崎健「統一ドイツ下のキリスト教民主同盟の発展と近年の動向」『Bulletin of the Faculty of Foreign Studies, Sophia University』No.51（２０１６年）

佐藤公紀「『怒れる市民』の抗議運動の内実とその論理——ＡｆＤとペギーダを例に」『ドイツ研究』第51号（２０１７年）

本書では細かい経緯を追えなかった、外交、難民・移民、歴史認識、エネルギー、共通通貨ユーロなど個々の問題については、著者略歴に記載した私がこれまで出版したドイツ関係の書籍が取り上げているので、参照願えれば幸いである。

第1章

共産主義体制の孤島〈幼年、少女時代〉

1954-1973

西暦年	メルケル関連	ドイツの出来事	国際社会の出来事
1954年	7月17日、西ドイツ(当時)のハンブルクで誕生。アンゲラ・ドロテア・カスナーと命名。父ホルスト・カスナー、母ヘルリント・カスナー。 9月に東ドイツのクヴィッツォウに転居。		
1957年	7月、弟マルクス誕生。10月、テンプリンの「ヴァルトホーフ」(森の館)に転居。		
1958年		東ドイツの左派の牧師グループ「ヴァイセンゼー・研究チーム」が発足。11人の指導者チームにカスナーも加わる。	プラハで「キリスト教平和会議」(CFK)が発足。カスナーも加わる。
1959年	祖父ルートヴィヒ・カスナーがベルリンで死去。		
1961年	9月に「ゲーテ学校」に入学。	8月、ベルリンの壁が建設される。	10月、キューバ危機。
1962年	12月、自発的にピオニール(共産主義諸国の少年団)のメンバーになる。		
1964年	8月、妹イレーネ誕生。		
1968年			チェコスロバキアの自由化「プラハの春」とソ連による武力弾圧。
1969年	東ドイツのロシア語オリンピックで3等に入る(8年生)。	「東ドイツ福音教会連盟」(BEK)が発足。 ブラント政権発足。	3月、中ソ軍事衝突。
1970年	前年の3等のごほうびでモスクワ見学(9年生)。		
1971年	ロシア語オリンピック優勝(10年生)。 2年制の高等学校上級課程に進学。		

メルケルは東ドイツ育ちという、今のドイツで活躍する政治家としては特異な経歴を持つ。東ドイツの共産主義体制と冷戦の時代背景が、メルケルの人格形成に大きな影響を与えただろう。他方、幼年、少女時代のメルケルの周りには、そうした環境からは切り離されたキリスト教倫理を基礎にした小宇宙があった。メルケルやその父親の生き方を見ると、非人間的な体制の中でも押しつぶされることのない個人の尊厳にも気づかされる。政治家メルケルの思想と行動の萌芽は、すでに幼年、少女時代に兆していた。

◇西ドイツのハンブルクで出生

２０１３年3月のベルリンとその周辺のブランデンブルク州は、春の訪れに見離されたかのような寒さと雪が続いていた。

3月19日もひどく底冷えのする日だった。私はベルリン中央駅8時33分発の列車に乗った。向かった先はメルケルの故郷、ベルリンから北に80キロ離れたところにあるブランデンブルク州の小さな町テンプリンである。エバースヴァルデという小都市でさらにタクシーに乗り換え、全行程は1時間余りだった。

テンプリンの町は凍り付いた雪に覆われ、どんよりと曇った寒空の下で凍えていた。人口は1万6000人で、郊外に広がる森とその中に点在する湖、そして、町を取り巻く中世の市壁が印象的な町である。ただ、残念なことに第2次世界大戦の戦災で、それまであった木組みの家々は多くが焼失し、後の東ドイツ時代ははかばかしい再建もされず、町の雰囲気はやや情緒に乏しい。

夏の間は、ベルリンから手軽な行楽地として、サイクリングなどの観光客でにぎわうが、まだ真冬と言っても良いこの気候では街行く人はほとんどいない。寒さで身を丸くしながら、粉雪がちらつくテンプリンの町を、メルケルのゆかりの人や場所を求めて歩いた。

メルケルは西ドイツ生まれ、と聞けば、多少ともドイツやメルケルについて知識のある人であれば、「メルケルは東ドイツの人間ではなかったか」と怪訝に思うことだろう。東西分断時代、共産主義体制を嫌い東から西へ多くの市民が移住したことは知っているが、逆に西ドイツ人が東ドイツで育つケースがあったのだろうか、と。

メルケルが数奇な運命をたどることになったのは、牧師の父ホルスト・カスナーが、西ドイツ・ハンブルクから東ドイツに移り住んだからだ。「なぜ西から東に」という問いが、メルケルを理解する最初の手がかりとなる。

メルケルは１９５４年7月17日、西ドイツ北部の港町ハンブルクに生まれ、アンゲラ・ドロテア・カスナーと命名された。

母のヘルリント・カスナーが妊娠初期のうちに、父のカスナーはハンブルクを離れ、ドイツ民主共和国（ＤＤＲ）＝東ドイツに牧師として赴任して行った。赴任先は、ベルリンから約80キロ北西、ベルリンとハンブルクのほぼ中間に位置するクヴィッツォウという小村の教会だった。

幼い頃のメルケル（撮影日時不明。Gamma Rapho／アフロ）

東ドイツの建国は１９４９年10月7日（西ドイツの建国は同年5月23日）で、メルケルの出生時点でまだ5年足らずの

メルケル（左）と両親（撮影日時不明。Gamma Rapho／アフロ）

歳月しかたっていない。大きく見れば東西冷戦が固定化していく時期だが、1961年のベルリンの壁建設による東西国境の完全閉鎖という時期までには時間があった。

第2次世界大戦終了後、当初はソ連による占領、1949年からは東ドイツの共産主義体制（以下、共産主義と社会主義は同義として厳密に区別しないで使う）を嫌い、東から西に出国する人の波は止むことがなかった。東ドイツ政府は1951年、西ベルリンや西ドイツに移住する人間は人民警察に届けねばならない、という指令を発したが効果はなく、1952年5月、東西ドイツ間の国境を閉鎖し、鉄条網などの設置を開始した。ただ、東西ベルリンの境界に関しては、両ベルリンをつなぐ道路や鉄道は厳重に監視されていたが、45キロに及ぶ境界の完全な監視はできなかった。東ベルリンに入りさえすれば、西ベルリン経由で西ドイツに移住することは比較的容易だった。

事実、１９５４年当時も、一月に３万〜４万人が東から西に移住していた。その後も出国は続き、１９４９年の建国から１９６１年８月の壁建設までの間に２７４万人が出国し、１８４０万人いた東ドイツ人口は１９６１年に１７００万人にまで減少した。出国による慢性的な労働力不足、とりわけ技術を持つ人々の不足は東ドイツ政府にとって打撃で、その流れを食い止めることが、ベルリンの壁建設の最大の理由だった。

カスナー一家に対し、引っ越し業者が「今西から東に移住するのは、共産主義者か愚か者だけ」と語った、と後にカスナーは回想している。

◇時代に抗して東へ移住

メルケル誕生の前に、世界を揺るがす大事件があった。１９５３年３月５日の、ソ連の独裁者ヨシフ・スターリン共産党書記長の死去である。その後、米国を中心とした西側陣営と、ソ連を中心とした東側陣営の間で緊張緩和の一時期が訪れる。いわゆる「非スターリン化」「雪解け」の時代である。

本格的な非スターリン化は、後継者（短期間だがスターリンの後はゲオルギー・マレンコフが最高指導者となった）のニキータ・フルシチョフ共産党第一書記が、スターリンの個人独裁、大量粛清を暴露した、1956年2月の第20回党大会での「スターリン秘密報告」以降である。

ただ、スターリンの死去直後から新たな動きは始まっていた。ソ連では文学、芸術、科学の分野で自由化の動きが始まり、政治犯の釈放も行われた。

東ドイツでは1953年6月11日、ドイツ社会主義統一党（SED）政治局から公表された「新コース」として現れた。

このSEDは、1946年10月、ソ連占領地区でドイツ共産党（KPD）とドイツ社会民主党（SPD）とが合併して成立したが、事実上、東ドイツを独裁支配した共産党である。「新コース」には物価や税率の引き下げ、個人営業の再開許可、農業集団化で農民から取り上げた耕作機械の返還等々が盛られていた。その直後、1953年6月17日に東ベルリンで起きた、労働者を中心とする「東ベルリン暴動（6月17日蜂起）」はソ連軍の介入で鎮圧されたが、共産主義体制変革の夢は続いた。

それまで東ドイツのプロテスタント教会は、SEDの弾圧にさらされていた。教会の青年組織は国家テロの標的になった。会員であることを示す徽章《きしょう》を付けることを禁止され、スパイ組織と烙印を押された。牧師の逮捕、教会の所有物の押収が行われ、学校での宗教教育は禁止された。３０００人以上の生徒や大学生が放校となった。

そうした中、「新コース」で示された、収監されていた聖職者の解放、教会財産の返還、学生の復学許可、西ドイツの聖職者の東ドイツ訪問許可などは、東ドイツでの布教の自由化への期待を高めるものだった。

カスナーは２０１１年９月２日に死去したが、その際にカスナーの生涯をたどったヴェルト紙（２０１１年９月５日付け）の記事は、「精神的にはドイツはまだ分断国家ではなかった。スターリン死後、変化への期待があった。東ドイツのウルブリヒト政権は前年（１９５３年）の東ベルリン暴動後、絶望的な状況にあるように見えた」と指摘し、東ドイツへの赴任は愚かな選択とは言えなかった、と書いている。

東へ移ったもう一つの理由は、西ドイツの政治状況に関わる。初代首相コンラート・アデナウアー（１８７６〜１９６７年、首相在任１９４９〜１９６３年）によって担われた西側統合路線や再軍備、ソ連からのドイツ統一案「スターリンノート」（１９５２年）に対する拒絶などは、当時の西ドイツの左派にとっては抗議運動の対象だった。カスナーは西ドイツの保守政治を嫌い、東ドイツの国家建設を助けることに意義があると考える神学生だった。

また、カスナーはベルリン・パンコウ地区（東ベルリンに属する）の生まれであり、第２

次世界大戦後、大学の神学部で勉強しようとしても、ソ連占領地域では不可能だった。そこでカスナーは、いずれ故郷で布教活動に携わる意思を持ちつつも、ブランデンブルク州教会から派遣される形で西側占領地区に移り、ハイデルベルク、ハンブルクで神学の勉強をした。カスナーはブランデンブルク州教会に戻り布教することが義務と思っており、また、共産主義体制下でも牧師が必要と確信していた。

実際、東ドイツでは牧師の数が不足していた。東ドイツのプロテスタント教会から東ドイツでの布教に関わるように呼びかけがあった。カスナーに対し教会から、故郷に牧師の空きがある、という情報が伝えられた。

ただ、カスナーも、「新コース」が採用されたとはいえ、東ドイツでの布教活動は極めて困難な任務であり、給与、待遇面で西ドイツより劣悪な条件であることはわかっていた。カスナーは後に、「もし赴任しろと言われれば、アフリカにでも行っただろう」と語っているが、やはり彼自身の強い使命感なしに東ドイツへの移住はありえなかっただろう。

◇祖先はポーランド人

カスナーの父、つまりメルケルの祖父であるルートヴィヒ・カジミエルチャクは、１８９

6年、当時ドイツ領だったポーゼン（ポズナニ）に生まれた。カジミエルチャクはポーランド人の名前である。ポーゼンは１９１９年、第１次世界大戦の結果、ポーランド領となり、それをきっかけに、多くのドイツ人がドイツ領へ移住した。カジミエルチャクはポーランド人であったのにもかかわらず、何らかの事情でドイツへの移住を決めた一人だった。

彼はベルリンでマルガレーテと知り合い結婚し、１９２６年、メルケルの父ホルストが生まれた。１９３０年、カジミエルチャクは名前をドイツ風のカスナーに変えた。最後の職業は警察官だった。彼は１９５９年、ベルリンで死去した。

メルケルはこの祖父については記憶がないが、その後もベルリンに住んだ祖母マルガレーテのもとには、しばしば遊びに行った。

母ヘルリントの旧姓はエンチュで、ヴィリとゲルトルートの間に１９２８年、当時、国際連盟保護下の自由都市だった港町ダンツィヒ（グダニスク）で生まれ、第２次世界大戦後、家族はハンブルクに移った。ヘルリントは英語とラテン語の教師の資格があり、ハンブルクで教えていた。ハンブルクにはメルケルの母方の親戚が住んでおり、東ドイツ時代、いとこがカスナー一家をしばしば訪ねてきた。

カスナーは日本で言えば戦中派世代だが、中等教育課程の一つ実科学校（Realschule）

に通ったこと以外は、少年時代は何をしていたのか、どこで兵役に就いたのか、捕虜収容所に収容されたのかどうか、などほとんど明らかになっていない。

メルケルの祖先がポーランド人であったことが、メルケルの政治家としての経歴に何か大きな役割を果たしたわけではない。ドイツ首相が「4分の1、ポーランドの血を引く」ことが、ポーランドでは好意的に見られ、一時ポーランドメディアがメルケルのルーツ探しを熱心に行ったことはある。ただ、ポーランドで保守政党「法と秩序」（P・i・S）が政権を握れば、歴史問題などを持ち出してドイツに対し厳しい姿勢を取ったことを見ても、メルケルの出自は両国関係に特段、好影響を与えなかった。またスラブ系の名前を持つドイツ人は多く、ドイツでポーランド人のルーツを持つことが特別な意味を持つわけではない。

◇ヤギと鶏を飼う

カスナーが一足先に東ドイツに赴任した後、メルケルを出産した妻ヘルリントは、メルケルとともにハンブルクにとどまり、母の家に身を寄せていたが、9月、夫の後を追ってクヴィッツォウに引っ越した。メルケルはまだ生後約2か月（6週間、8週間としている本もある）で、ヘルリントはメルケルを籐のかごに寝かせて連れてきた。

ヘルリントにとって東への移住は、カスナーよりもむしろ重い決断だったかもしれない。というのは、西ドイツで得ていた教師の資格を、東ドイツでは生かせないことが予想されたからだ。メルケルは、「母は本当は東ドイツに移りたくはなかったのだ」と話している。子供が共産主義体制で育つことで、精神的に荒廃することを恐れた、という。それでも、メルケルが後に誇りを持って語ったところでは、「愛ゆえに母は父に付いていった」のである。

カスナーが教会の牧師の職を得たクヴィッツォウは、人口わずか３００人程度の小村だった。ちょうど東ドイツ政府による農業集団化、すなわち富農に対する弾圧が始まっており、当時、その地方で何百年間も耕作してきた地主の一人が、所有する４００ヘクタールの農地を没収された。

都会育ちのカスナーにとって、田舎生活は大変な苦労だった。村に乗用車はなく、最も進んだ運搬手段がモーターバイクであり、国家からの配給だけに頼っては暮らせなかった。教会の敷地内で野菜を栽培し、ヤギ２頭と鶏を飼い、乳の絞り方も身につけた。

厳しい生活環境とは言え、１９５７年７月には長男マルクスが誕生した。ちなみに次女のイレーネが生まれたのは、１９６４年８月である。

メルケル（左）と弟妹（撮影日時不明。Gamma Rapho／アフロ）

まもなく、カスナーはブランデンブルクの教区監督（Superintendent）アルブレヒト・シェーンヘル（1911～2009年）と知り合いになった。彼はキリスト教と社会主義は相互に排除しない、という左派の思想の持ち主だった。彼の後ろ盾もあり、カスナーは条件の良いテンプリンに異動することとなった。

◇障害者とともに育つ環境

私が2013年3月にテンプリンを訪れた際、メルケルゆかりの場所を車で案内してくれたのは、退職した後、観光案内のボランティアをしているマンフレート・ゲッチュだった。旧市街にある観光案内所でゲッチュに落ち合い、極寒の中、メルケルの育った「ヴァルトホーフ」（森の館）、メルケルが通った大学進学予定者を対象とした2年制の高等学校上級課程（EOS）、そして日本の小中学校に当たる10年制の一般教育総合技術学校（POS）の

テンプリンのヴァルトホーフの農場（2013年３月19日）

順番で回った。

カスナーが１９５７年10月に赴任し、メルケルが３歳から19歳まで過ごしたヴァルトホーフは、テンプリンの中心から車で５分程度走った町はずれにあった。郊外に続く直線道路に面し、森に囲まれた、サッカー場が何面もとれそうな広大な敷地である。私が訪れた時、牧場では雪の中、馬が飼い葉桶の草を食《は》んでいた。

ヴァルトホーフは元々、１８５２年に不良少年の更生施設として建設された。その後、産業化の犠牲となった子供たちを助ける教会の施設になるなど、何度か変遷を経たが、カスナーが赴任した時がまた一つの転換期だった。

１９５８年に東ドイツ政府により子供たちの施設の閉鎖が命じられ、収容されていた少年たちは政府が開設した少年院に移らされた。代わりにプロテスタント教会の人道援助団体が、精神障害者のための授産施設（障害のある人が自立した生活を目指して働く施設）を設立した。

カスナーの任務は、この施設とは別に、プロテスタント牧師のための教育施設（Pastoralkolleg）を開設することだった。同施設は、現職の牧師を対象に宗教儀式のやり方などを教育する、教会のいわば研修施設である。その後、カスナーは通常の牧師職ではなく、牧師の教育訓練をほぼ生涯の仕事とすることになる。

敷地内には住居の他に、精神障害者施設に付属する牧場、家畜小屋、農園、納屋があり、製靴、裁縫、かご細工、鍛冶の作業場のバラックも建ち並んでいた。その間に野菜園や花壇が点在し、砂を敷き詰めた道が建物の間をつないでいた。西側からの援助を受けていた医療施設もあったが、全体として極めて質素な施設だった。

ここでは200人以上の精神障害者が働いていた。団体の方針で障害者を施設内に閉じ込めておくことはせず、かなり自由にテンプリンの町に行くことも許されていた。

ゲッチュに案内されて敷地内を歩いて行くと、カスナー一家が住んだ家は、クリーム色と青みがかった色のペンキで塗り分けられた、日本的に言えば三階建ての、屋敷といって良い

メルケルが育ったテンプリンのヴァルトホーフの家（2013年３月19日）

ほどの大きな家だった。今では何家族かが住んでいるようで、入り口にかなりの数の郵便受けが設置されていた。

障害者たちが農園で収穫する作物によってカスナー家の食生活は、クヴィッツォウより劇的に改善した。また、裁縫などの作業場に家事の一部を任せられたこともカスナー一家の生活を楽にした。

◇最初の人生の師

メルケルの幼少、少女時代は、家族だけでなく、教会や授産施設で働く人、障害者、そして頻繁に訪れる訪問者に囲まれた生活だった。授産施設で働く職員には全部で15人の子供たちがいて、ヴァルトホーフ全体が大きな冒険に満ちた遊び場だった。また、学校の友人にとってもヴァルトホーフの建物や庭は、集まるのに格好の場所だった。ただ、中には障害者に慣れていない子供もいた。午後6時になると鐘が鳴り、子供たちは夕食の席に着かねばならなかった。毎日曜日午前11時に、テンプリン市内の聖マリアマグダレーネン教会で日曜学校が開かれた。1960年代はまだ、男子生徒と女子生徒が別々に座っていた。

メルケルは人生最初の模範はヴァルトホーフの庭師だった、と語っている。

メルケル：「このがっしりとして年老いた庭師は、私に大きな根本的な信頼感、大きな安心の情を引き起こした。母も父も時間がなかったが、彼は花を付ける植物をどのように移植したらいいのか、シクラメンの場合はいつがいいのか、といったことを教えてくれた。彼から精神障害者との話し方を教わった。それは非常に温かく、信頼感に満ちた良い雰囲気だった。この庭師は私に土、地面、自然と結びついているという感覚を呼び起こしてくれた」

メルケルがこの老庭師に感じた魅力とは、「人生において平安を得ている姿」、自負心や落ち着きの一つの模範であり、いつも多忙な父とよいコントラストをなしていた。

カスナーはハンブルクの祖母、叔母、いとことの接触もずっと保っていた。叔母家族は、西ドイツの即席スープ、石鹸、衣料などを頻繁に送ってくれたし、いとこはテンプリンに遊びに来た。自宅では西ドイツのテレビ放送を受信しており、西側から持ち込んだ書籍も並んでいた。

メルケル：「テンプリンの両親の家がなければ、私は社会主義をあのような形では生き延びることはできなかったろう」「牧師館で育ったからといって、その人が信心深くなるわけではないが、多くの倫理的な基礎が私に伝えられた」「私も生きるに値する子供時代を過ごした。ひどい国だったが、例えば、とても美しい自然の中で成長することができた」

ただ、学校の友達の何人かは、体制とは相いれない教会の施設という理由で、家庭がヴァルトホーフに来ることを許さなかった。

◇ベルリンの壁建設の衝撃

メルケルが７歳から16歳まで通った一般教育総合技術学校は、テンプリン旧市街の市壁のすぐ外側に位置する「ゲーテ学校」で、れんが造りの立派な建物だった。メルケル在学中に、学校名が共産主義者の名前に改称となり、ドイツ統一後も幾度かの変遷を経た後、今では、日本の小学校に当たる「基礎学校ヨハン・ヴォルフガング・フォン・ゲーテ・テンプリン」になっている。

メルケルが通ったテンプリンの「ゲーテ学校」（2013年３月19日）

メルケルが１９７１年に進学した、大学進学希望者を対象とした2年制の高等学校上級課程も、赤いれんが造りの建物で、ヴァルトホーフのすぐ隣の敷地にあった。ここは２０１３年から社団法人「プレンツラウ自由学校連盟」の教育施設として使われている。芸術活動を主体とする自由主義的な教育理念に基づく教育施設のようで、私が訪ねた時、敷地内には入れなかったが、正面玄関に「自然の家」という看板が掲げられていた。

１９６１年9月に「ゲーテ学校」に入学する直前、メルケルにとって生涯最初の、政治問題に関する記憶となる出来事があった。

１９６１年の夏、カスナー一家４人と母方の祖母の計５人は、カスナーが運転手となりバイエルンを車で旅した。ハンブルクに住む祖母はいつかフォルクスヴァーゲン車でバイエルンを回りたいと願っていたが、その夢が実現したのだ。東西分断の中で、西側旅行の自由があったことが意外にも思われるが、後述する、カスナー一家が享受していた特権の一端を示すものだろう。

その旅から帰って来たのは８月11日（金曜日）で、帰途、カスナー一家は、東西ドイツの境界の森の中に多くの有刺鉄線が置いてあり、夥《おびただ》しい数の兵士がいるのを目撃した。

それが何を意味するのかは、すぐに明らかになった。東西ドイツ境界の封鎖強化、ベルリンの壁建設のための資材と兵力だったのである。封鎖が着手されたのは、８月13日（日曜日）午前零時からである。

メルケルが覚えている限り、両親が途方に暮れている姿を見るのは初めてだった。カスナーは日曜日の説教で泣き、教会内は多くの悲嘆に暮れる声で満ちた。とりわけ母ヘルリントにとっては、縁者のいる西ドイツに、もしかすると永久に行けなくなることを意味したから、その絶望感は容易に想像がつく。

◇余儀なくされた二重生活

メルケルは総合技術学校に入学してまもなく、牧師の娘であるが故の、不当な扱いに直面する。クラス担任の女性教師はベテランで、成績優秀な生徒の顕彰に熱心だったが、それはその生徒がピオニール（＝ピオネール。ソ連をはじめとする共産主義諸国の少年団。東ドイツでは6歳以上14歳未満の少年少女が加盟）で積極的に活動していることが前提条件だった。

メルケルは入学当初から、成績、品行ともに最も優秀な生徒だったが、両親は1年生の時にメルケルをピオニールに加盟させなかった。表彰されたのは同じクラスの男子生徒だった。彼自身は、明らかにメルケルのほうが優れていたのに、なぜ自分が表彰されてメルケルが表彰されなかったのか理解できなかった、と証言している。

東ドイツ国民にとって、ピオニールや自由ドイツ青年団（Freie Deutsche Jugend＝FDJ。14歳から25歳が加入する）に加入するのか、それともキリスト教徒の青年組織に入会するか、また14歳になった男女を東ドイツ国家の一員として認証する成年式（Jugendweihe）で宣誓するのか、それともキリスト教会の儀式である堅信礼を受けるのか、という選択は、体制の中での疎外か適応かという大きな決断だった。

一般的に聖職者は、子供をピオニールに加盟させなかった。ただ、そうした子供は、恵まれない生涯を覚悟しなければならない。

統一後、テンプリン市長になる牧師の息子のウルリヒ・シェーンアイヒは、メルケルより3年年長で1951年の生まれだが、ピオニールに加盟せず、成年式で宣誓もせず、選挙にも行かなかった。そのため、高等学校上級課程への進学を認められず、兵役の後、工員の補助をやり、ようやく1975年にドレスデンの大学に入学でき、機械工学を勉強した。そしてヴァルトホーフに来て、障害者施設の機械担当責任者となった。

学校長は西側との接触を示すものに対して神経質な拒否反応を示した。ジーンズをはいてきた生徒に対して、労働者階級にふさわしい服装をしてくるようにと指示して、家に送り返した。また、生徒に対する訓話で、「私は西側から来た郵便物を開封しないで送り返した」と語り、そういう行動が望ましいことを示唆した。

学校生活は、幼いメルケルにとって精神的なストレスだった。時々代理教師がやってくることがあり、その時は改めて自分の名前と父の職業を答えねばならなかった。教師の中には意地悪く「あなたの父はカトリックの神父か、プロテスタントの牧師か」と重ねて聞く者もいた。そうするとクラス内に笑いが起きた。

◇望んでピオニールに加入する

１９６２年12月、２年生のメルケルは、自発的にピオニールのメンバーになった。

メルケル：「ピオニールに加盟していないと、成績が抜群であっても、学校で称賛されることもない。第１学年の終わりに、良い成績だったのにメダルを授与されなかった。しかし私はメダルがどうしても欲しかった。さもなければ、やったことがそれほど大きな意味を持たなくなってしまうから」

メルケルには、他の子供たちの輪の中に入り自己実現をしたいという、成績優秀で社会性のある子供であれば、だれでも抱くような自然な欲求があったのだろう。

両親がメルケルの希望を認めたのは、彼女が将来大学への入学許可を得られなくなることを恐れたためだった。母ヘルリントは、「他の子供たちよりも成績優秀でなければならない。そうでなければ、この勤労者の国では大学で勉強することはできないのだから」と言って、メルケルと長男マルクスを学校に送り出した。実際、両人とも成績は優秀で、日本で言えば5段階評価の5、４に当たる、１、２しか取ったことがなかった。

テンプリンで話を聞いたメルケルの数学教師、ハンス‐ウルリヒ・ベースコウ（インタビュー時、74歳）は次のように証言した。

「彼女は教会の青少年組織に入っていたが、同時にＦＤＪにも参加した。彼女はいつもアウトサイダーではいたくなかったのだ。東ドイツでは成年式の認証を拒否した子供は徹底的な不利を被る。彼女は認証を受けなかったが参加だけはした。ＦＤＪなどの活動をしなければ、違った人生になっていただろう」

もっとも、牧師の娘だから友人が全くいない、という状況ではなかった。１９５０年代初め、テンプリンのあるウッカーマルク地方では学校の生徒の半分以上、メルケルの記憶によれば、１９６０年代になっても３分の１の生徒はまだ教会の日曜学校に通っていた。

メルケルの数学教師ベースコウ（2013年３月19日、テンプリンで）

メルケルによれば、「高等学校上級課程では、28人のうち、13、14人が成年式に出ず堅信礼を受けた。何人かは両方とも受けていた。どちらでも良い、と考えている人が大勢いた」という。

ＦＤＪの組織率も１９６０年代初めはまだ50％程度、ドイツ統一を目前にした１９８０年代末に90％に達した。共産主義化のプロセスは、国民生活のレベルではゆっくり進み、１９６０年代は、地域にもよるのだろうが、キリスト教会の活動の余地がまだかなり残っていたのだろう。

ただ、ベルリンの壁が崩れるまで、東ドイツがＳＥＤの監視と抑圧の下にある体制であったことに変わりはない。メルケルはこうしてヴァルトホーフと、学校を中心とする東ドイツ世界という二つの、互いに全く異質な世界に生きることを学ばねばならなかった。

メルケルや兄弟たちは幼くして、自宅での経験や会話に出てくる政治的な冗談、叔母やいとこのヴァルトホーフへの来訪などは、学校では黙っていなければならないということを理解した。

メルケル：「家族の一人が長時間電話で話していると、母が入ってきて『もうやめなさい、シュタージ（東ドイツの秘密警察・諜報機関である国家保安省）が盗聴している、全部記録されている』と言った。何をどこで言っていいのか、我々はわかっていた」

◇理想的な女子生徒

当時の同級生は、「メルケルは取っつきにくい人間だった」「メルケルは教師を挑発したり、怒らしたことはなかった」「彼女は常に品行方正で、子供じみたところはなかった」といった思い出を語っている。また、友人たちを組織し引っ張っていくタイプ、何か催しがあれば率先して仲間を率いたと証言する元同級生が多い。

学校の同級生たちのメルケルに対する印象に幅があるのは、彼女くらい突出して優れていると、周りの子供たちの間で、彼女の人間性や複雑な心理を理解する者がなかなかいない、ということもあるかもしれない。

メルケル：「基本的にはたくさんの友人がいた。ただ、私自身が気に入ったことで一緒に遊ぶわけではなかったが。例えば、私はクレー、シャガール、カンディンスキー、マルクなどの絵はがきを集めていたが、全ての友人がそれをおもしろいと思ったわけではない。15歳の時にベルリンの劇場に通っていたが、友人はおもしろいとは思っていなかった」

メルケルは、心からうち解ける友人はいなかった、とも回想している。彼女が学業でも趣味でも先に進んでしまい、同級生と話が合わない、ということもあっただろう。また、本人の性格としても、「君子の交わり淡きこと水のごとし」とでもいった態度を幼くして身につけていたのかもしれない。

数学教師であり、後に学校長になったヴォルフ・ドナトは、メルケルを「すばらしく、落ち着いていて、論理的で、(頼まれれば)何でも気持ちよくやってくれる、理想的な女子生徒だった」と手放しで褒めたたえた。彼はSED党員だったが、教育熱心な先生と生徒からも見られていた。

メルケルは15歳の時、ベルリン・パンコウの祖母の家に行った折に、東ベルリンの中心部に遊びに行き、観光に来ていた外国人に話しかけ、ブルガリア人、米国人、英国人などと知り合いになった。米国人とは食事に行き、東ドイツの状況を話した、という。

東ドイツ人は外国人との接触を避けるのが一般的だったが、まだ少女だったこともあり、大胆に振る舞えたのだろうか。こういう振る舞い方を知ると、優秀であるが故に自ずと自分に自信があり、物おじしない一人の女学生の姿が目に浮かぶような気がする。

男子生徒との恋愛などはなかったのだろうか。

メルケル：「最初の大恋愛は大学生時代。学校時代はせいぜいちょっとした恋愛もあったが、プラトニックなものだった。当時は今のように、すぐに行為に至るということはなかった。この面での早熟さはなかった」

当時の級友の一人は、メルケルはCDU（ドイツ語でDer Club der Ungeküssten の頭文字を取ったもの。「キスされたことのない人のクラブ」の意味）に属していた、と話す。

メルケルの性格を語る時によく引かれる、体育の授業の飛び込みの際の逸話がある。メルケルは、体育の時間の終わりを告げるホイッスルがとうに鳴っているのに、たっぷり45分間逡巡した後、高さ3メートルの飛び込み台からプールに飛び込んだ。

メルケル：「私は決定的な瞬間には勇敢だと思う。しかし私は助走にかなりの時間が必要だ。決断の前にできるだけ慎重に考えることを試みる。突発的に勇敢であるのではない」「私は自分に何が襲ってくるか常に知りたいと思っている。たとえ、とっさの対応を犠牲にしても」

インタビューに答えるラングート
(2010年4月10日、ベルリンで)

メルケルの伝記を著した政治学者で連邦議会議員も務めたゲルト・ラングート（1946〜2013年）は、メルケルの性格をこう総括する。「自分の人生を組織化すること、無秩序を避けることは彼女にとって重要だった。しかし、もし彼女が決断した時は『それはもう引き返せない。それでいい』」

◇時代の波は学校にも

メルケルが総合技術学校の生徒だった間、様々な時代の風が、この東ドイツの地方都市にも吹き寄せていた。特に1960年代末の世界的な学生反乱の時代的雰囲気は、生徒たちにも影響を与えていた。

1968年の、チェコスロバキアの自由化「プラハの春」とソ連による武力弾圧は、メルケルが13～14歳の時の出来事である。プラハの春の最中にカスナー一家は、チェコスロバキアとポーランドの国境地帯にあるリーゼン山脈（クルコノシェ山脈）で休暇を過ごしたが、そこでもプラハの春の高揚した雰囲気を感じることができた。しかし、テンプリンに帰って学校やFDJでそのことを話したところ、すでに政治的に難しい問題となっていたため、教師は不機嫌な顔をするだけだった。

学校全体の雰囲気は、東ドイツ政府が模範としていたものではなかった。公民の授業では、ベルリンの壁を「反ファシストの壁」として理解させることが求められていたが、「東ドイツを去りたい人がいれば、そうさせればいいではないか」と発言する生徒もいた。

ヴァルトホーフでメルケルの幼なじみだったマティアス・ラウは、ＦＤＪなど青年組織を拒否し、反体制詩人、歌手のヴォルフ・ビアマン（１９３６年生まれ）の曲を好んで聴く青年だった。メルケルにも聴かせたことがある。彼女は確かに好んで聴いたが、ヴァルトホーフの自由な生活と、青いシャツ、赤いスカーフの制服姿でピオニールやＦＤＪの集団活動をすることの間に、矛盾は感じていないようだった。

彼女の部屋には、ハンブルクの祖母から手に入れた印刷されたセザンヌの絵が掲げられていた。ローリング・ストーンズよりビートルズ、特にポール・マッカートニーの曲がお気に入りで、曲に合わせて踊るのが好きだった。

メルケルはＦＤＪの催しを組織するのに熱心で、活動ぶりが評価されて、10学年が終わる時レッシング銀メダルを受賞した。このメダルは総合技術学校卒業時に、顕著な成績と党や社会への貢献を行った生徒に授与される勲章で、メダルを付けて花束を持ったメルケルの写真が残っている。

メルケルは政治に対して子供の時から関心があった。それは聖職者でありながら常に政治、社会に関心を持っていた父の資質を継いだのだろう。また母も統一後、政治に関わった。

メルケル：「家では政治の話をよくした。私にとって7、8歳の時から政治が一つの話題だった。東ドイツ体制についてはなぜこうなのか、どのようになっているのか、ということを話すことによって、東ドイツ体制を耐えることができた。我々は実際には何も変えられなかった。しかし、東ドイツ体制を考えることは重要だった。さもなければ、精神が病んでいただろう」

もっとも、メルケルの関心の対象は、もっぱら西ドイツの政治だった。カスナー一家にとって東ドイツは異次元の世界だったが、西ドイツや西側世界とは常に一体感があった。西ドイツや西側世界の情報には常に触れることができた。メルケルはすでに8歳の時に、当時の西ドイツ政府の閣僚の名前を全部諳《そら》んじていたし、1969年、グスタフ・ハイネマン（1899〜1976年）が西ドイツ大統領になったことを伝えるニュースは、学校のトイレでこっそりと聞いた。また最もお気に入りの政治家は、ヘルムート・シュミット（1918〜2015年、首相在任1974〜1982年）だった。

◇ロシア語と数学で才能発揮

メルケル：「学業は苦もなかった。数学、ロシア語、ドイツ語、自然科学……。私は長時間ではやや劣るが、短時間でならとても良い記憶力を持っている。勉強は本当に楽しみだった。ただ、論文を書くのはちょっと大変だった。私は、書くことよりも話すことの方が向いている。実際的な科目、デッサン、工作、スポーツは苦手だった。好きな科目はロシア語と英語だった」

ロシア語については、その「美しく、感情豊かで、ちょっと音楽的で、感傷的な」言葉そのものに魅せられた。

シュタージの当時の文書には、「アンゲラはソ連の指導的役割を、他の社会主義諸国を支配している独裁者の役割と見ているが、他方、ロシア語やソ連の文化に魅力を感じている」と書かれている。

東ドイツのロシア語オリンピックで8年生で3等になり、１９７０年、9年生の時にごほうびに、「友好列車」に乗ってモスクワ見学をした。10年生の時には優勝を果たした。

私がテンプリンの町でまず訪れた先は、先に発言を引用したメルケルの数学の指導者だったベースコウの自宅だった。ベースコウはドイツ統一後、長く町議会のCDU議員団代表を務め、5年間町議会議長も務めた。

ベースコウの家は、住宅街の一角の瀟洒《しょうしゃ》な建物だった。鉢植えの植物が並べられた居間で、ベースコウはメルケルの優秀さについて語った。

「メルケルを通常の授業でではなく、『若い数学者の郡（Kreis）クラブ』の生徒として教えた。このクラブは、数学に才能ある生徒を集めた、正規の学校教育に追加された東ドイツの教育組織だった。数学オリンピックに出場するために学校単位から、郡、県（Bezirk）、と優秀な生徒が段々上がって行き、最後は全国レベルの大会出場となる。彼女は女子生徒の間では最もできた生徒、断トツの一番だった。私が教えた女子生徒で、彼女ほどできた生徒はその後もいない」

「彼女はアビトゥアー（大学入学資格試験）を受験したが、その段階ではもう教え子ではなかった。私は東ドイツ時代から、教会に属するキリスト教徒であり、SED党員ではなかったので、高等学校上級課程で教育することを許されなかった。だから彼女は第6～第8学年の3年間だけクラブの生徒だった。そのクラブには郡全域から12～15人の生徒が来ていた。

クラブの教育は1か月に1回、8時から14時まで行われた」

ベースコウによれば、数学に才能を発揮した彼女の思考の特質はねばり強さにある。「彼女は決して急がない。彼女は全てのことをその背景も含めて考え抜く。そして（政治家としての）彼女はゲアハルト・シュレーダー（1944年生まれ、首相在任1998～2005年）のように突然思いついて行動することや、『これでおしまい』と最後通牒を突きつけて決めてしまうようなやり方をしない。彼女は無為のままじっと耐え抜いている（aussitzen）だけ、という人もいるが、そうではなく、全ての面を考え抜いている。彼女はそうしたやり方を数学で学び実行した。郡クラブで与えられた課題の多くはとても複雑で難しかったが、決して諦めなかった。しばしば彼女が行ったのは、結果が何であるか想定し遡って考える、というやり方だった。それを今日まで貫いている」

◇社会主義の中の教会

無神論であるマルクス・レーニン主義＝共産主義思想とキリスト教は本来、水と油の関係である。マルクス・レーニン主義政党であるＳＥＤにとって、元々キリスト教社会であるドイツ社会の中でどのように正統性を打ち立てるのか、は大きな問題だった。

1949年の東ドイツ建国時、キリスト教徒は国民の9割以上、そのほとんどがプロテスタントだった。東ドイツのプロテスタント教会は、全ドイツのプロテスタント教会の組織であるドイツ福音教会（EKD）の傘下にあった。

当時東ドイツには、社会主義を資本主義に代わる選択肢と考える左派のキリスト教牧師の一群がいた。カスナーは東に移ってから早速、こうした牧師グループと緊密に連絡を取り合った。クヴィッツォウからテンプリンへの異動を可能にしたシェーンヘル（前出）もその一人だった。

1957年、東ドイツ政府は、EKDが西ドイツ政府との間で、従軍牧師による信仰相談を可能とする契約を結んだことを激しく非難した。これをきっかけに、東ドイツ政府とEKDの間の接触は断絶し、政府はそれに代わる新たなプロテスタント教会の発足を図った。東ドイツのプロテスタント教会を全ドイツの組織から切り離すことが、SEDの教会政策の基本路線の一つだった。

1958年にチェコスロバキアのプラハで「キリスト教平和会議」（CFK）が発足した。核兵器の時代の平和をうたいながら、実際は西側の「攻撃的な帝国主義諸国」に対する「平和愛好的なソ連」を宣伝するための、ソ連の情報機関・国家保安委員会（KGB）にコントロールされた組織だった。この会議にカスナーは加わった。ＣＦＫの東ドイツの指導者の一人だったのが、シェーンヘルだったからだ。

さらに東ドイツの左派の牧師グループが、同じ年に「ヴァイセンゼー・研究チーム」(Weißenseer Arbeitskreis) を発足させた。この11人の指導者チームの中にもカスナーは加わった。このグループは事実上シュタージの後ろ盾で作られた組織で、実際、幾人かの牧師はシュタージの非公式協力員（ＩＭ）だった。

この「研究チーム」は、神学的には反ナチのスイスの神学者カール・バルト（１８８６～１９６８年）や、ヒトラー暗殺計画で処刑された牧師ディートリヒ・ボンヘーファー（１９０６～１９４５年）の考え方に影響を受けている。幼児洗礼に疑念を呈したり、堅信礼と、東ドイツ体制に忠誠を誓う成年式とは矛盾しない、などとする考えを打ち出した。

神学的論争を検討するだけの能力は私にはないが、このグループ設立の肝心な点は、東ドイツのプロテスタント教会をＥＫＤから分離させるための教義的な裏付けを目的としていたことだろう。

東ドイツの教会政策は、ウルブリヒトＳＥＤ第１書記が１９６０年10月、人民議会で、「キリスト教と、社会主義の人間的な目標は矛盾するものではない」と発言したのに続き、ベルリンの壁建設（1961年）を節目に、懐柔策を基本とするようになる。教会が東ドイツ体制を容認する代わりに、教会に一定程度の活動を認める取引が成立した。

「研究チーム」は1963年3月、SEDの意向に沿い、反ファシズムの国家権力と協力することはキリスト者の義務とするなど、「社会主義の中の教会」を基礎づける7項目の文書を作成した。この「社会主義の中の教会」という言葉は、東ドイツ体制に融和的だったキリスト教会の一部の考え方を表現するのに、しばしば使われる言葉である。

1968年の「プラハの春」に際しても、CFKは世界平和維持との理由で、軍事介入を歓迎した。しかし、メルケルによれば、「遅くとも1968年のプラハの春の終焉の時までに、父にとっても節目が来た。父はもちろんチェコスロバキアへの侵入に反対だった」という。

◇「赤いカスナー」

1969年には「東ドイツ福音教会連盟」（BEK）が発足した。ここにプロテスタント教会の西ドイツからの分離という目標が達成された。BEKは「我々は社会主義と併存したり、敵対したりするのではなく、『社会主義の中の教会』を目指す」と声明した。

1978年3月、シェーンヘルらBEK幹部とSED書記長エーリヒ・ホーネッカー（1912〜1994年）との会談が、東ドイツ国家評議会の建物で行われ、教会と東ドイツ体制の協力関係の象徴的な機会となった。

東ドイツが存続していた間、キリスト教会に属する東ドイツ国民の数は減り続け、1979年に57%、ベルリンの壁開放の直前、1988年のキリスト教徒人口の割合は40%にまで下がった。牧師には多くの非公式協力員もおり、東ドイツのプロテスタント教会は体制の巧妙な監視下に置かれた。

しかし、BEKの発足は東ドイツ政府の管理が効かない、一定程度の教会の自律を認めたことも意味した。牧師の大勢は体制批判的だった。SEDから見ると、ベルリン、ブランデンブルク地区教会の牧師の大多数は、「反革命的な教会の者たち」だった。

1980年代になると、一定の自由があったプロテスタント教会を利用して反体制運動が組織され、その後の1989年の民主化運動の拠点となった。

一方、メルケルの暮らすヴァルトホーフではそうした兆候は見られなかった。カスナーが恵まれた地位にいたことも事実だった。あくまで東ドイツ政府に協力的という前提だが、牧師は一定の特権を認められていた。

カスナーは私用車を1台、業務用車を1台の計2台を使用することができた。東ドイツ国民が、トラバントという国民車を購入するのに10～15年待たねばならなかったことを考えれば、例外的なことだった。カスナーは1970年代には、ローマやロンドンに旅行を許されている。

さらにシュタージとの関係がある。シュタージの文書には「カスナーは1954年、西ドイツ・ハンブルクから来た。彼は我々労農国家の敵である」という記載がある。シュタージが1972年に、カスナーがソ連の反体制活動家サハロフの文書を所有していたことを理由に、非公式協力者になるように脅迫したという記載もある。しかし、カスナーがその件を監督（Bischof）に告白したため成功しなかったようだ。

カスナーの姿勢に対しては、体制と妥協したという見方から、彼自身が理想とする社会主義社会を目指し、体制内変革を目指した生き方だったという見方まで、多様な評価がある。

ラングート（前出）は「カスナーにとっては、東ドイツ体制での精神的な権威（教会）と社会主義的な権威（SED）との間の建設的な関係が考えられるし、望ましくもあった。また教会組織に社会主義的体制に対する原則的な反対勢力や、ましてや国家の中の国家が生まれてはならなかった」と述べる。

ベースコウ（前出）は、メルケルらを教えたことを通じて、父カスナーと知り合った。ベースコウは、「カスナーは東ドイツ体制に忠実だったのだろうか」という私の質問に対してこう答えた。

「彼がしばしば、『赤いカスナー』と呼ばれていたことは確かだ。ただ、そのことをあまり厳密に見る必要はない。彼はとても批判的な人だった。彼は東ドイツが追求するに値する体制であると頑《かたく》なに信じている人ではなかった。彼は次のような態度だったのだろう。我々は東ドイツに住んでいる。政府機関による抑圧に対抗することはできない。従って我々は折り合いの道を求めねばならない、と。ともあれ、彼は共産主義者ではなかった」

ドイツ統一後、カスナーはソ連軍によって建設された地元の軍演習場が、ドイツ軍によって継続して使用されることに反対する市民運動を支援した。カスナーは統一ドイツの政治体制に批判的であり、「我々は既成政党が国家を食い物にしていることに気付いた。政党国家である連邦共和国（統一ドイツ）は、内容的に全く違わない、キリスト教民主・社会同盟（ＣＤＵ・ＣＳＵ）と社会民主党（ＳＰＤ）という二つの国民政党からなっており、多党制だから東ドイツの一党独裁と異なるに過ぎない」といった発言も残している。

◇メルケルに映った父像

メルケルの伝記を著したジャーナリストのフォルカー・レージング（1970年生まれ）は、「神学者、教会政治家、厳格なプロテスタントで規律あるプロイセン人である父は、メルケルの模範であった。多くの人が彼の中に、今日の首相の理解にとって中心的な人物像を見る」と書いている。

メルケル：「父は勤勉でとても徹底的な人だった。子供にとっては常に秩序正しく、完璧でなければならないということは大変難しいことだった」

先に述べた庭師が最初の人生の模範だったというメルケルの回想は、庭師が余りにも厳格な父からの逃避の相手だったことを意味する、との指摘もある。

レージングによれば、「父は子供たちに対して、とりわけ鋭い合理性を教え込んだ。プロパガンダと党のうそに対する解毒剤としての合理的思考と議論。『父は論理の強さ、議論の明確さに価値を置いていた。論究することと単に物語ることとの違いを、私は学校ではなく、父から学んだ』。メルケルは信仰と並んで合理性をずっと持ち続けている」

メルケルは、父の考え方について、「東ドイツのプロテスタント教会では西ドイツの教会との分離に適応する姿勢が優勢だった。彼らは布教や牧師としての仕事において、西ドイツとは全く違った東ドイツの人々の生活様式に適応しようとした」と理解を示している。

またメルケルはカスナーが、貧困解決など実践に重きを置く南米の「解放の進学」に大きな影響を受けていた、と語っている。カスナーは教会の組織を嫌い、南米のようにそれぞれの共同体が牧師を支える教会のあり方が望ましいと思っていた。

メルケルが成長するにつれて、東ドイツに関する父との考え方の違いは拡大した。

メルケル：「私にとっては早い段階から東ドイツは機能しないことが明確だった。両親も東ドイツ体制を批判したが、長く続くか、そうでないかについて明確な答えを持っていなかった。経済的な面は、両親は余り関心がなかったが、私はその点に非常に関心があった」

メルケルが母ヘルリントについて語った言葉は少ないが、英語とラテン語の教師である母から語学の才能を引き継いだことは間違いない。

メルケル：「母から学んだことは、日常の毎日の生活をこなすこと、即興でよりよくすること。４人分の食事から８人分を作り出すこと。必要であれば全ての家族に足りるように少ない物から多くの物を作り出すこと」

ヘルリントは統一後、ＳＰＤに入党し、テンプリン市議会議員を５年間務めた。

◇「反体制劇」で危うく放校に

メルケルがいつ物理学科志望を決めたのかはっきりしない。ただ、物理学は彼女にとって、最も魅力のある学問というわけではなかった。

共産主義体制下で人文、社会科学を志せば、必ずマルクス・レーニン主義の制約を覚悟しなければならない。それを潔しとせず、しかも体制内で生きていこうとすれば、自然科学が最も無難な専門分野だった。メルケルは長く医学の道も選択肢として考えていた。しかし最終的に、物理学を専攻したいというメルケルの希望を聞いて、両親は驚いたという。

メルケルにとって物理学は愛憎半ばする対象だった。テストでフレミングの法則の右手と左手を間違えて回答したため、5（日本で言えば1に当たる）の成績を取ったことがあった。しかし、物理学の法則にはとても惹かれていた。

メルケル：「アインシュタインの相対性理論を理解したい、原爆の父オッペンハイマーの考えを把握したい、そう思っていた。最終的に決定的だったのは、物理学で推薦状を得られたことだった。心理学を勉強しようと思ったら推薦状は得られなかっただろう」

大学進学を前に一つの騒動が巻き起こった。

メルケル：「アビトゥアー（大学入学資格試験）のクラスでは我々は必要な限り従順だったが、公民の授業やＦＤＪに関することをひそかにからかっていた。そして大学進学を前に本当の衝突が起きた」

シュタージは、学校の雰囲気を察知し、４年前からこのクラスにひそかに目を付けていた。生徒たちはもう大学への進学が決まっていたため、押しつけの「文化プログラム」をやる気がなかった。与えられたテーマは「ベトナム戦争」だが、１９７０年代を通じて、米国は階級敵である無慈悲な帝国主義としてさんざんプロパガンダされて来たため、生徒も飽き飽きしていた。

キャンプで食事の準備をするメルケル（1973年７月７日撮影。picture alliance／アフロ）

結局、数人の女子生徒が朗読や歌の出し物をやったのだが、募金は南ベトナム解放民族戦線のためではなく、「モザンビーク解放戦線（Frelimo）」のためとした。モザンビーク解放戦線は社会主義的な運動だったが、ポルトガルの植民地主義者に対する闘争でもあり、東ドイツにおけるソ連の存在を意識していることは容易に見て取れた。最後に歌ったインターナショナルは、「敵性語」である英語の歌詞だった。

こうした出し物は、すぐに学校当局が問題とするところとなり、郡レベルの教育行政の部署にまで報告された。生徒たちはシュタージの尋問を受け、親も呼び出しを受けた。予想されたとおり、大学入学許可も取り消されそうになった。

カスナーはSEDの郡支部に対し異議をとなえ、メルケルはカスナーが書いた手紙を、プロテスタント教会役員会のメンバーだったマンフレート・シュトルペ（1936年生まれ、統一後にブランデンブルク州首相）の下に、ベルリンまで直接持参した。

メルケルは冗談で「いわばカノッサ詣で（屈辱の旅）だった」と語っている。

教会の上層部はホーネッカー（前出）と結びついていた。長い議論の末に生徒たちの大学進学は許された。しかし、その代わりに担任教師が異動になり、生徒たちは実際にむち打ちの刑を受けたり、問題を報じる壁新聞を学校に張り出されたりするなど様々な懲罰を受けることになった。

メルケルは大学進学を辛くもつなぎ留め、引き続き体制内で自己実現を図る道を模索し続けることになる。

第2章　雌伏の女性物理学者〈大学、研究者時代〉

1973-1986

西暦年	メルケル関連	ドイツの出来事	国際社会の出来事
1973年	カール・マルクス大学ライプチヒに入学。社会主義統一党（SED）の青年組織である自由ドイツ青年団（FDJ）に加入。	9月、東西ドイツが同時に国連に加盟する。	
1974年		5月、ブラント首相退陣、シュミット政権発足。	
1975年		11月、第1回先進国首脳会議（サミット）開催。	フィンランドの首都ヘルシンキで開かれた全欧安全保障協力会議で、35か国が「ヘルシンキ宣言」に調印。
1977年	ウルリヒ・メルケルと結婚。		
1978年	ディプロム（修士号）の学位を取る。科学アカデミーのZIPC研究所に就職。夫婦でベルリンに転居。		
1979年			12月、NATOの二重決定。ソ連のアフガン侵攻。
1981年	ウルリヒと別居。戒厳令下のポーランドを旅行。 ヨアヒム・ザウアーと知り合う。		12月、ポーランドで戒厳令公布。「連帯」運動を弾圧。
1982年	ウルリヒと離婚。	10月、コール政権発足。	
1983年	ソ連を旅行。		
1984年	プラハのザウアーのもとを訪ね、3か月ほど滞在。		
1985年	博士論文を提出。		3月、ミハイル・ゴルバチョフがソ連共産党書記長に就任。
1986年	1月、博士号取得。		4月、チェルノブイリ原発事故。

物理学徒、学者としての道を歩み始めたメルケルだったが、本来の関心は、社会ともっと直接つながったところにあった。社会主義統一党（ＳＥＤ）の青年組織である自由ドイツ青年団（ＦＤＪ）のメンバーとして余暇の催しなどを組織したり、ソ連共産主義圏という限られた世界ではあるが、友人と海外旅行をすることなどで、わずかにそうした志向のはけ口を見いだしていた。

メルケルは、子供時代とは違った体制への態度決定を迫られる。秘密警察・諜報機関であるシュタージから協力者になるように勧誘を受けるなど、ＳＥＤの抑圧は常に身の回りにあった。しかし、物理学研究という共産主義イデオロギーとはとりあえず無縁の世界に生きたことで、外の世界と内面とのバランスを何とか保つことができたのである。

◇新天地ライプチヒへ

メルケルがカール・マルクス大学ライプチヒ（Karl Marx Universität Leipzig、統一後ライプチヒ大学の名称に戻る）に入学したのは、１９７３年秋である。

当時、東ドイツ政府は大学生の数を制限しており、物理学部の入学者数は毎年70～80人。教育期間は5年間だった。政府にとって生産活動を管理する専門技術者の不足は深刻だったが、基礎学問の研究者はさほど必要なかった。自然科学研究はライプチヒのメッセ（産業見本市）で、社会主義建設の成果として誇示できる研究だけが評価された。

高い能力を持つメルケルにとっても、物理学の勉強は大変だった。また、メルケルは理論に長けていたが、実験は苦手だった。

メルケル…「物理学の勉強は私の理解の限界まで行った。決して出来の悪い学生ではなかったが、時々、猛烈に勉強しなければならなかった」

基礎教育が2年、専門教育が2年、あとの1年はディプロム（日本のほぼ修士号に相当）取得のための論文執筆に費やされることになっていた。学生は15～20人単位でセミナーに加わり、アシスタントが一人ついたが、その役割はＦＤＪの催しに学生を動員することだった。全ての学生がＦＤＪに加入しなければならず、メルケルは大学でも団員になった。

それでも物理学部には、共産主義を絶対視しないくらいの知的自由が存在していた。マルクス・レーニン主義のコースを修了するのが義務だったが、出席簿は存在しなかったし、５

月１日のメーデーのデモへの参加義務もなかった。また、メルケルは時々、「福音教会学生協会」（ＥＳＧ）の催しに参加していた。

ただ、休みの期間、10〜14日間、生産現場や農業での実習が課せられた。メルケルが行った実習は、洗濯屋でロシア兵の制服にアイロンを掛ける作業だった。

メルケルの学業は順調に進んだが、もう一つの生活の中心は、学生の友人の輪の中で、いろいろな行事を組織することだった。ＦＤＪの文化担当者となり、劇場の切符の手配もした。週2回、学生クラブが開設され、仮設のカウンターの後ろに立って、東ドイツ特有の酒だったキルシュ・ウィスキーを供する係をよく務めた。学生クラブの日は、カクテルの材料を求めて、市街電車で一日中市内を回った。

当時のライプチヒは、東ドイツの地方都市同様、満足にインフラ投資が行われず、相当さびれた感じが漂っていたはずだが、それでもメルケルは都会の生活を満喫していた。

◇学生結婚とディプロム論文

メルケルが最初の結婚をしたのは、１９７７年、23歳の時のことだった。相手は隣の物理学の研究室にいたウルリヒ・メルケル（以下ウルリヒ）だった。１９７４年、メルケルが20歳の時、モスクワ、レニングラードで行われたソ連の物理学学生たちとの青年交流事業にいっしょに参加したことがなれそめだった。

ウルリヒはメルケルとの交際に熱心だった。１９７６年から2人は一緒に住むようになった。しかし、２人は対照的な性格だった。メルケルは野心的な性格で、ただ、その情熱をどこに向けていいのか探しあぐねていた。一方、ウルリヒは、寡黙で引っ込み思案で、静かな田園生活を好んだ。メルケルの友人は、彼はおとなしい性格すぎると忠告したが、メルケルは聞く耳を持たなかった。

メルケルは教会で結婚式を挙げることを希望した。ウルリヒは無神論者であり明らかに気が進まなかったが、テンプリンにまでやってきた。婚礼前夜、ヴァルトホーフのカスナー家に友人など20人が集まった。天気がよいので車に分乗して森に出かけ、たき火の周りでギターに合わせて歌った。結婚式は市内のゲオルゲンカペレ教会（Georgenkapelle）で行われ、カスナーの若い同僚の牧師が式を司《つかさど》った。

第5年次、メルケルは大学に籍を置きながら、東ドイツ科学アカデミー（学士院）のライプチヒにある支所「同位体及び放射線中央研究所」で研究を行った。研究所のラインホルト・ハバーラント教授はライプチヒ大学の教授を兼ねており、同教授の下でディプロム論文の作成をするためだった。

メルケルは１９７８年の最初の数か月間、配管がむき出しの研究所の屋根裏部屋にこもって、ディプロム論文の執筆に集中した。同研究所はライプチヒ市の郊外にあり、対ナポレオン戦争勝利記念の巨大モニュメント「諸国民戦争の記念碑」が遠くに望めた。

指導教官としてハバーラントの他にラルフ・デア教授が就いた。デアは、ライプチヒ大学の教会の破壊（１９６８年）に抗議したために、その後は教えることはできなくなり、研究だけが許されていた。デアの部屋には人々が集まり、自然科学の話だけではなく政治の話に花が咲いた。

60頁に及ぶ「密度の濃い培養基における二つの分子の基礎反応に際する反応速度に対する空間的相関関係の影響」というタイトルのメルケルの論文が完成し、１９７８年に高い得点でディプロムの学位を取ることができた。この研究成果は１９８０年に米国の専門誌にメルケル、ハバーラント、デアらの連名で発表された。

東ドイツではディプロムの取得にスポーツテストも課せられ、１００メートル走を16・0

秒以内で走らねばならなかった。1回目は不合格。2回目で合格したが、どうやら計測者がタイムが短くなるようにストップウォッチを押してくれたらしい、と後にメルケルは語っている。

大学時代、東西ドイツ関係が大きく変わった。米ソのデタント（緊張緩和）を背景に、ヴィリー・ブラント（1913～1992年、首相在任1969～1974年）が東方外交を進めた。1973年9月8日、東西ドイツの国連同時加盟が実現した。

1975年7～8月、フィンランドの首都ヘルシンキで開かれた全欧安全保障協力会議（CSCE）には、アルバニアを除く全ヨーロッパ諸国に米国、カナダを加えた35か国が参加し、武力不行使、国境の不可侵、内政不干渉、人権と諸自由の尊重などの原則をうたったヘルシンキ宣言に調印した。

東ドイツの反体制運動も顕在化した。しかし、東ドイツ政府はこの動きに弾圧策でのぞんだ。詩人・作家であるライナー・クンツェ（1935年生まれ）が1977年に、詩人・歌手のビアマン（前出）が1976年に、それぞれ東ドイツから追放された。また、東ドイツは前出のCSCEに加わる一方、1974年10月7日、ドイツ統一への含みを持たせた19

６８年憲法を改正し、東ドイツを西ドイツとは全く異なる「社会主義国家」と規定した。

メルケルがデタントをめぐる国際・国内情勢をどんな思いで見ていたか、はっきりしたことはわからない。メルケルはプロテスタントの学生団体ＥＳＧ（前出）の催しでクンツェと会ったりしているが、反体制運動に関心を示した形跡はない。

◇シュタージの勧誘

１９７７年末、テューリンゲン州イルメナウの技術大学から採用の打診があった。メルケルはさっそく大学へ赴き面接にのぞんだが、それは非常に不愉快なものだった。面接官は党幹部（Kaderleiter）で、その手元にはシュタージの資料が届いており、メルケルがどれくらい頻繁に西ドイツのラジオを聞いていたか、いつジーンズを購入したか、などを知っていた。そして、プロテスタントの学生組織には顔を出してはいけないという助手採用の条件を付けた。

しかも面接後、２人のシュタージの職員に呼び止められ、階段部屋で協力者となるように と30分間、勧誘を受けた。そうした場合は、「秘密を守ることはできない」と答えて拒否することが一番よいと両親から聞かされていたので、メルケルはその通りに答えた。

メルケルがイルメナウの技術大学に職を得ることはなかったが、この件でメルケルが不利益を被ることもなかったようだ。父カスナーが何らかの形で影響力を発揮したのかもしれない。

東ドイツで最も権威ある科学アカデミーへ就職できるのはごく少数だった。メルケルは1978年、24歳でアカデミーに職を得て12年間働くことになる。ハバーラント（前出）がメルケルをアカデミーに推薦したこと、ライプチヒ大学教授から、アカデミーの一つの組織である物理化学中央研究所（ZIPC）所長となっていたルッツ・ツュリケ（1936年生まれ）がメルケルを引き受けたことが、アカデミーへの就職を可能とした。

メルケルはアカデミーに採用されたことを誇りに思っていたが、当然、SEDに忠実な姿勢を前提としていた。非党員であることが不利に働いたはずだが、彼女を研究の場に押し込めておくことが、東ドイツ政府にとって好都合だったとの見方もある。夫のウルリヒもベルリンのフンボルト大学に講師のポストを見つけて、両人ともベルリンへ引っ越した。

メルケルが就職した頃、アカデミーは全東ドイツに60研究所を擁し、2万5000人の職員が働いていた。9割が自然科学の研究に携わり、人文、社会科学は1割だった。アカデミーの本部は、東ベルリンの中心部ジャンダルメン広場に面したイェーガー通りの角にあった。統一後は「ベルリン・ブランデンブルク科学アカデミー」に改編されている。

メルケルの職場であるZIPCがあったのは、Sバーン（都市鉄道）で30分程度のアドラースホーフだった。そこには、国営放送の施設、シュタージの施設などが立地していた。統一後は、フンボルト大学などの大学や企業の研究施設などが集まった研究都市に変貌した。

アカデミーの化学分野では9つの研究所があったが、そのうちZIPCが最大で、600人余りの職員が働いていた。所長のツュリケは、すでに量子化学の基礎に関する2巻の浩瀚《こうかん》な本を著していた。理論研究部門の基礎研究に携わる8人の研究者のうち、女性研究者は何年にもわたりメルケルだけだった。

東ドイツを代表する研究機関とはいえ、設備は全く惨めなものだった。メルケルは理論研究班に属し、同僚の実験結果を計算によって解釈するのが仕事だった。クランクを回して計算するヒューレット・パッカード製の計算機があったが、本格的に計算しようとすれば計算室に行き、ソ連製の計算機に穴の開いたカードを挿入する作業を繰り返した。複写機を使用する時はいちいち申し込みをしなければならなかった。東ドイツ政府は、他の共産主義諸国と同様、複写については偏執狂と言えるほど神経質だった。

◇特権を享受したアカデミー

ただ、アカデミーの研究者は多くの特権を享受した。敷地には病院、美容院、トラバントの修理工場などがあった。二つの大きなカンティーネ（食堂）があり、多くの分野の研究者と交流できた。アカデミー職員の給与は月1012東ドイツ・マルクであり、店員の給与が600～800マルクだったことを考えれば、かなりの高給を保証されていた。時々、東ドイツではなかなか手に入らなかった製品の販売が敷地内で行われた。クリスマスの前にはオレンジやジーンズなどを購入できた。

一定程度の精神的自由もあった。図書館では、事実上禁書扱いだった作家フランツ・カフカ（1883～1924年）、詩人ゴットフリート・ベン（1886～1956年）、作家シュテファン・ハイム（1913～2001年）などの作品や、西側世界の雑誌も読むことができた。

メルケルはそれに加えて、実家から取り寄せた教会関係の体制批判的な文書や、思想家のルドルフ・バーロ（1935～1997年）、ソ連の反体制物理学者アンドレイ・サハロフ（1921～1989年）、作家アレクサンドル・ソルジェニーツィン（1918～2008

年）、哲学者ヘルベルト・マルクーゼ（１８９８〜１９７９年）などの本も読んでいた。

メルケルはＦＤＪの書記局の任務を買って出た。強制されたわけではなく、「私は喜んでＦＤＪの活動をした」「主に余暇の催し物のためだった。東ドイツでは、多くの集団的な活動はＦＤＪによって行われた」と語っている。ＺＩＰＣのＦＤＪは、メルケルの職場の地下室を使っていた。メルケルはそこで、コーヒーやワインを飲みながら行われる職場の議論の司会をしたりした。

同僚たちは西側メディアから断片的な情報を持ち寄り、西ドイツの政治動向について意見を交換した。リヒャルト・ヴァイツゼッカー大統領（１９２０〜２０１５年、大統領在任１９８４〜１９９４年）による、有名な戦後40年の議会演説は、メルケルが入手し信頼できる同僚に配った。

メルケルは研究所での議論では東ドイツ体制に批判的だったが、挑発的というわけではなかった。国家に対する不忠実な姿勢をメルケルは取らなかった。夫のウルリケは、「アンゲラがベルリンの壁の下で特段苦しんでいた印象はない」と話す。

１９７７年、バーロ（前出）の『オルタナティブ』という本が出版され、マルクーゼ（前出）が評価するなど議論になった。東ドイツ政府はバーロを逮捕し、１９７９年、西ドイツに追放した。

メルケルはこの本について「友人たちと学問的に研究した。分析には非常に魅了されたが、バーロのオルタナティブ（代案）はロマン主義的、社会主義的なユートピアだった。私は、彼の理論からは何も始められないと激しく批判する一人だった。私にとっては常に実質的な政治システムしか意味がなかった」と語っている。

ＺＩＰＣで机を並べていた一人にフランク・シュナイダーという人物がいた。彼はシュタージの非公式協力員であり、メルケルに関する報告書を書いている。メルケルは「まじめな政治的態度」を取っており、考えと行動が一致している、と報告している。

１９８０年代、体制に忠実な東ドイツ国民でも、国家式典に参加することを嫌うようになった。メルケルも１９８３年５月１日のメーデーの催しを「計算の日」に当たるからとの理由で欠席した。

◇ベルリンの日常

東ドイツ国民の最大の不満は住宅事情の悪さだった。とりわけベルリンでは、夫婦であっても子供がいない場合は、住宅を割り当てられることは望み薄だった。メルケル夫妻が入居できたのは、マリーエン通り24番地のアパートの一室に過ぎなかった。

ベルリンを貫流するシュプレー川の川岸からマリーエン通りの界隈は、19世紀末から20世紀初めにかけて建てられた集合住宅が並ぶ、なかなか趣のある場所である。ルイーゼン通りとの角には森鷗外博物館がある。すぐ近くにベルリンの壁が走り、メルケルたちが住んでいた頃は、もう30年以上たっていたのに、戦災からの復興が進まず荒れ果てた家も多かった。東西ベルリンをまたいで走るＳバーンの音は、昼夜を分かたず聞こえてきた。

メルケルは早朝に自宅を出て、徒歩５分もかからないフリードリヒ通り駅からＳバーンに乗り、アドラースホーフに通勤していた。研究所は７時15分始業だった。冬場であればまだ真っ暗である。Ｓバーンの車中でＳＥＤ機関紙「ノイエスドイチュランド」を、事務所ではソ連共産党機関紙「プラウダ」を読んだ。フリードリヒ通り駅で「プラウダ」や「Für Dich」（東ドイツの女性雑誌）を買おうとしても売り切れのことが多かった。

この頃にメルケルは英語の勉強も続けていた。教材は英国共産党の新聞である「モーニングスター」だった。

メルケルはベルリンの文化を楽しんだ。労働組合の手配によって演劇の券を手に入れ、自宅の近くにある劇場「フォルクスビューネ」や「ベルリーナー・アンサンブル」などに観劇に行った。彼女の文化への嗜好は、伝統的なものを主体とした保守的なものだった。その点は東ドイツ当局の文化政策と合致した。反体制運動と結びついていた前衛芸術（アヴァンギャルド）とは接触を持とうとはしなかった。

◇海外旅行を敢行

メルケルは、行き先は共産圏諸国に限られるものの、精力的に海外旅行をした。ポーランドから入手した招待状を基に査証を取得し、1981年に3回、同僚とともに戒厳令下のポーランドを訪問した。帰国するときポーランドの自主管理労組「連帯」の資料を持っていたため、国境警備隊に捕まったこともあった。同僚は、メルケルは社会主義の改革を考えており連帯運動を評価していた、と回想する。

1983年には2人の同僚とともに、ルーマニアやブルガリアに行くための通過査証を得てソ連を旅行した。行き先はアルメニア、グルジア（ジョージア）、アゼルバイジャンだった。しまいにはソ連の警察に捕まったが、メルケルのロシア語能力でなんとか切り抜けることができた。

また量子化学者のヨアヒム・ザウアー（1949年生まれ）との交際が始まり、1984〜85年、プラハで研究生活を送っていたザウアーを訪ね、3か月ほど滞在した。

メルケルは東ドイツ時代、西ドイツに2回出国している。1986年、ハンブルクのいとこの結婚式に出席するという理由で申請し、許可が下りたが、ぎりぎりまで出国できるかどうかわからなかった。メルケルは電車でまず西ドイツ中部の町カールスルーエにまで旅行した。当地の大学研究所の物理化学の専門家を訪ねたと見られている。彼女はさらに南部の町コンスタンツへ足を延ばして、西ドイツに亡命したかつての同僚と会った。

メルケル：「私の一番強烈な体験は急行列車（ＩＣ）だった。この鉄道技術のすばらしいこと。もし自由選挙が行われれば、西側の制度が選ばれることは、私にとってもはや疑いがなかった」

ドイツ鉄道は近年、遅れが常態化して問題になっているが、西ドイツ時代は時間の正確さが売り物だった。東ドイツの国鉄は、当時の列車を体験した人によると、車両の老朽化などで冬でも暖房が効かないこともあったようだから、メルケルが西ドイツの国鉄に感激したのも無理はない。

１９８９年11月、叔母の75歳の誕生日を祝うため再びハンブルクに行き、ザウアーが滞在していたカールスルーエにも足を延ばした。

１９８０年代に入り、緩慢ではあるが東ドイツ社会は変化を続けていた。

１９７０年代末から80年代初頭にかけて、東西ドイツで大きな政治問題になっていたのが核軍縮問題だった。ソ連中距離核ミサイルＳＳ20配備に対抗し、北大西洋条約機構（ＮＡＴＯ）は軍縮を呼びかける一方、米中距離核ミサイル・パーシング２を配備する、いわゆる二重決定を行った。これを契機に、西ドイツでは大規模な反核平和運動が、東ドイツでも牧師ライナー・エッペルマン（１９４３年生まれ）らが、「剣を鋤《すき》に替えて」をモットーとする平和運動を始めた。

この問題は研究所でも比較的自由に議論され、１９８３年6月、ＺＩＰＣで核武装に関する展示が行われたりした。また、兵役拒否者が兵役の代わりに行う社会奉仕勤務(Zivildienst)を、東ドイツの国家人民軍（ＮＶＡ）でも可能とするとの提案を、ＺＩＰＣの若手研究者が行った。

１９８０年代、ＳＥＤは、ＺＩＰＣの研究者たちがイデオロギー的に柔軟な姿勢を取っており、政治活動にほとんど熱意を持っていないことを批判し続けた。

この時期もメルケルは反体制運動には距離を置いた。逆にメルケルは、ＺＩＰＣのＦＤＪ教宣担当書記を務めていた、という証言もある。これに対してメルケルは、「私は文化担当者だった。その仕事といえば、劇場切符を手配すること、朗読会を組織すること、などだ。政治的にやらねばならない最低限のことをしただけだ」と反論している。

◇別居、離婚へ

メルケルとウルリヒの結婚生活はわずか４年で破局を迎えた。両人は１９８１年、27歳の時に別居し、１９８２年に離婚した。

ウルリヒはフンボルト大学からアドラースホーフのＺＩＰＣの近くにあるアカデミーの「光学、分光学中央研究所」に移っていたが、職場は近くなったものの、夫婦は性格の違いを埋めることができなかった。両人はけんかをしたわけではないが、次第に疎遠な関係になっていった。

１９８１年、メルケルはウルリヒに何の相談をすることもなく、５年間の同居をやめ、住居を立ち去った。ウルリヒにとってこの突然の別離は、全く予期していないことだった。

メルケルは職場の同僚で、ＦＤＪ書記長だったハンスヨルグ・オステン（統一後はハノーファー工科大学の物理学教授。２０１３年にシュタージの非公式協力員だったと報じられた）の下に身を寄せた後、それまでの住居からは、５キロほど北東にあるプレンツラウアーベルク地区テンプリン通りの、たまたま見つけた空き部屋に非合法的に移り住んだ。同僚たちがドアをドリルでこじ開け、カギを取り換えた。

ただ、離婚した後も、２人の知人としてのつきあいは続いた。研究所のカンティーネで会い、一緒に食事をすることもあった。メルケルは最初の結婚について、「皆がするから私もした。変に聞こえるかもしれないが、それほど真剣に考えたわけではなかった。私は自分を欺いていた」「早く結婚した方が自宅を持てたし、同じ職場で仕事を見つけられる可能性も高かった」と話している。これに対しウルリヒは「メルケルの発言は私を侮辱するものだ。少なくとも私はこの結婚を十分に考えて行った」と語っている。

メルケルは離婚しても、メルケル姓を使い続けている。体裁や形式にこだわらないメルケルらしいやり方なのかもしれない。ウルリヒは後に再婚し、息子を一人もうけ、ドレスデン工科大学などで半導体の研究者として働いた。

ザウアーとのつきあいがこの離婚に関係するのかどうかはわからない。ザウアーとは博士論文執筆を通じて親しくなったが、１９８１年に同じアカデミーの研究者として知り合ったらしい。１９８４年のシュタージの記録には、メルケルが研究所のカンティーネで定期的にザウアーと昼食をしていることが報告されている。

ザウアーとは長く事実婚状態だったが、メルケルがキリスト教民主同盟（ＣＤＵ）の有力政治家になるとともに、同棲関係を続けることへのＣＤＵ内の反発も強くなった。敬虔なカトリック信者が重要な支持基盤であるＣＤＵからすれば、事実婚は苦々しいものだった。ケルンの司教ヨアヒム・マイスナーは公然と問題視した。

メルケル（右）と現在の夫であるザウアー（中央）（1989年１月１日撮影。AFP＝時事）

メルケルは離婚から16年後の１９９８年12月30日に、ザウアーと再婚した。婚姻届を提出しただけで結婚式はしなかった。両親も側近も知らないほどだった。

メルケルが不法滞在しているアパートの近所で、暖炉の交換が始まった。部屋には暖炉がなかったため、メルケルは不法占拠の発覚を恐れた。そこで友人たちが一計を案じ、古いがらくたの暖炉を手に入れてきて部屋に設置した。工事人がやってきてその暖炉の代わりに新しい暖炉を設置して帰って行った。

その後、このアパートが改築されることになり、住人には新しい住居が割り当てられることになった。メルケルにもガスの暖房が付いた、シェーンハウザーアレー（通り）の部屋が割り当てられた。東ベルリンの住宅行政が混乱していたことが幸いした。反体制運動は厳しく監視する一方、日常レベルではずさんだった東ドイツの一面を物語る。

◇ペレストロイカの風と体制末期の貧窮

ＳＥＤは１９８０年代に若手研究者育成計画を創設した。その対象の一つに選ばれたのがメルケルの博士論文執筆だった。論文執筆に集中するため、１９８４年初めからＦＤＪの活動から離れた。

１９８５年、メルケルは論文を完成し審査に提出した。１５３頁に及ぶ論文「簡単な結合破壊を伴う破壊反応のメカニズムの探求と、量子化学及び統計的な方法を基礎にしたその速度定数の計算」は、炭化水素の様々な反応を理論的モデルに従って計算している。謝辞では論文指導教官のツュリケ（前出）と、ザウアーともう一人の同僚の名前を挙げている。

博士号授与の前提として、平均以上のロシア語の能力と3年間のマルクス・レーニン主義のコースの受講が義務づけられていたため、授与は少し遅れ１９８６年1月8日になった。メルケルは博士号取得に必要だった50頁の「何が社会主義的な生活方法か」というテーマのレポートも提出した。それは統一後、メディアの関心の的となり、シュピーゲル誌が探したが発見できなかった。メルケルは「東ドイツにはコピー機がなかった。カーボン紙を挟んだタイプ打ちもしなかった。もしコピーがあればすぐに公開しただろう」と語り、隠すつもりはないことを強調している。

博士号の取得で学生時代からの人生に一区切りが付いた。31歳になっていたメルケルは、同じ研究所の「分析化学の物理学的方法」の分野に異動になった。ここでも実験担当の同僚に付いて、実験結果に基づく計算を行った。同僚は「メルケルはすぐに計算を行ってくれ、実験が遅れることはなかった」と証言している。

メルケルは科学者としての自分の能力について、「優れた物理学者だったと思う。もっとも、ノーベル賞受賞の見込みのあるくらい抜きん出た学者ではなかった」と語っている。

1980年代後半、ソ連で政治転換の兆候が現れた。1985年3月、ミハイル・ゴルバチョフ（1931年〜）がソ連共産党書記長になってから開始された、政治経済の抜本改革を目指すペレストロイカ（改革）、グラスノスチ（情報公開）である。ゴルバチョフの演説のテキストは、研究所のFDJ加盟員の間で回し読みされることになった。

海外渡航を申請する者、仕事で海外に行ったまま帰ってこない研究者の数は1980年代を通じて増加していった。ボールペンや卓上計算機も足りない有り様で、研究費の不足が明らかになってきた。東ドイツの科学技術水準の遅れは自明のことになっていった。

◇共産主義体制で成長した意味

メルケルは反体制運動に参加するわけではなく、体制内での地位を得て生きることを選んだ。その点で父カスナーとメルケルの東ドイツ体制に対する姿勢は共通しており、常に「一線を画することと適応すること」(Abgrenzung und Anpassung）の間にあった。

統一後、FDJでの活動歴などが問題視されることも多かったが、メルケルは次のように反論している。

メルケル：「誰もがどこかに妥協を見つけねばならなかったことを今日理解することは難

しい。西側世界でも、自分の信念と日々要求されることとの間の妥協を図らなくてはならない。しかしそのことで何か問題がある、と疑うことはしない」

メルケルの伝記を執筆した南ドイツ新聞外報部長のシュテファン・コルネリウス（１９６５年生まれ）は、「彼女には公然と抵抗する勇気は欠けていた。一方で、東ドイツ体制を受け入れることもしなかった。だから、最大限の自由と発展の可能性のある物理学を意図的に選択した。彼女は同世代で最も優れた人間の一人であり、ＳＥＤに近づかないだけの賢明さを持っていた。逆に彼女は党を好きなようにさせていた」と見ている。

ただ、メルケルは東ドイツ体制について「故郷と感じたことは一度もない」と語っている。

メルケル：「全く不完全な設備を使い、さらに25年間研究を行い、精神的に活力を保つというのは、とても気持ちをそそられるものではなかった。目標がなければ人生はつらいものだ。時間がたつにつれて体制は弛緩してきたとはいっても、この国はあらゆる点で基礎を欠いていることがますます明らかになった」

メルケルは大いに能力に恵まれ、その自負もある分、もっと自己実現を図る道があるはずだ、との思いをずっと抱いてきた。この点が東ドイツ体制を肯定することができなかった最も根本的な理由のように思える。

メルケルはビルト日曜版（2010年10月3日付け）のインタビューに「東ドイツ時代は自分の限界までできないといつも感じていた。コンピューターの性能が十分でなかったり、旅行できなかったり、という具合だった。今や急に状況が良くなり、私は疲弊するまで仕事をし、自分の限界までやれるようになった。今は当時のような（できない）言い訳はきかないが、快適だ」と答えている。また、政治が実現すべきこととして、「ある人が限界まで潜在的能力を発揮し、やりたいことを制限しないこと。これが私が関心あることだ」と語っている。

真剣に西ドイツへの亡命を考えていた時期もある。

メルケル：「何か難しい状況になったら西側に移ることが許されるかどうか、父との間で対立した。東ドイツのキリスト教徒が正規の牧師を持つ必要があることは理解する。それが、両親が東ドイツに来た動機だった。しかし、子供は両親の下を離れてもかまわないし、やむを得ない場合は、私が西側に移れることは明らかだった」

東ドイツ体制での前半生から、あえてその後の人生にとって良かった点を探し出すとすれば、政治家としての振る舞いに用心深さを与えたことだろうか。

メルケル：「東ドイツの体制を生きたことで良かったのは、沈黙を学んだことだった。これは生き延びるための戦略だった」

抑圧体制の下、感情や発言を押し殺してきたことが、期せずして政治家としてのある種の訓練になったのかもしれない。

もし東ドイツ体制があと10年続いていたら、どのような人生の選択をしていただろう。

メルケル：「東ドイツ体制が非人間的であり、未来への希望がないことは疑いがなかった。国内亡命（国内にとどまりながら精神的には体制に従わず生きること）は考えなかった。私は東ドイツの状況はあっても、行動への意欲を失ってはいなかった。しかし、もし東ドイツ体制で45歳を超えても生きていたら、あきらめないだけの十分な活力と確信を持てたかどうかはわからない」

しかし、まもなく雄飛の時がやってきた。それは時代がもたらしたものだった。

第3章

民主化の嵐に突入〈「民主的出発」、副報道官時代〉

1985-1990

西暦年	メルケル関連	ドイツの出来事	国際社会の出来事
1989年	市民運動組織「民主的出発」（DA）に参加。	10月、東ドイツで「民主的出発」（DA）が結成。ホーネッカーSED書記長解任。 11月9日、ベルリンの壁開放。	5月、ハンガリー政府が自由化の一環としてオーストリア国境の鉄条網を撤去。 12月、米ソ首脳がマルタで冷戦の終結を宣言。
1990年	1月、DAの報道官に選出。2月、DAの人民議会選挙のため、一旦アカデミーを離れ運動に専念。 4月、デメジエール首相（東ドイツCDU党首）のもと、東ドイツ副報道官に就任。 12月、統一ドイツ最初の連邦議会選挙で、CDU候補として当選。	2月、DA、東ドイツのCDU、ドイツ社会同盟（DSU）の3党で選挙同盟「ドイツ連合」を結成。 3月、人民議会選挙で「ドイツ連合」は47・8％の得票率で400議席のうち192議席を獲得。ただ、DAは4議席のみの惨敗。 8月、DAは東ドイツCDUと合併。 10月3日、ドイツ統一。	

確かな根拠があるわけではないのだが、人生のやり直しが可能なのは、だいたい40歳が一つの目安なのではないだろうか。メルケルはベルリンの壁開放の時に35歳、ドイツ統一の時に36歳だった。メルケルは新しい人生のスタートを切るのにぎりぎりで間に合

った。後半生、運は回ってきた。節目節目で次の人生へのステップが開かれた。ただ、その運を運んできたのは彼女自身の勤勉さと実務能力の高さである。

◇東ドイツ民主化の始動

１９８５年のゴルバチョフのソ連共産党書記長就任以来、東ドイツ知識人の政治議論は、ペレストロイカ、グラスノスチや、ヨーロッパの分断状態を克服し、統一された共同体を作る構想「欧州共通の家」などの概念を使い、共産主義体制の改革を目指した。

ロシア語に堪能で、もともとロシアに大いに関心のあったメルケルにとって、ソ連情勢は強い関心を引くものだった。物理化学中央研究所（ＺＩＰＣ）の同僚は、「メルケルのソ連の改革についての興奮ぶりを良く覚えている」と証言している。

１９８５年には東ドイツでも、先述の全欧安全保障協力会議（ＣＳＣＥ）で採択されたヘルシンキ宣言の履行を求める市民運動組織が結成された。

ただ、東ドイツはゴルバチョフ改革に最も批判的な、共産主義イデオロギーを墨守《ぼくしゅ》する保守派の国に属した。西ドイツに対抗して東ドイツの存立理由を示すには、共産主義イデオロギーがことさら重要だったという事情もある。社会主義統一党（SED）はむしろ締め付けを強め、ソ連の雑誌の輸入を禁じるなどの措置を取った。

その間に、ソ連の動きを受け自由を求める運動が、他の東ヨーロッパ諸国で活発化した。とりわけポーランド、ハンガリーでは体制を変えるほどの力を持ちつつあった。ポーランドでは1980年代初めの自主管理労組「連帯」の実績がすでにあった。1988年8月、政府と「連帯」との間で円卓会議の設置が決まり、1989年2〜4月に開催された。ここで複数政党制による選挙実施が決まり、脱共産主義の道筋が決められた。ハンガリーも1989年2月、憲法から共産党の指導性を削除し、6月には複数政党制を導入した。

1989年5月2日、ハンガリー政府が自由化の一環としてオーストリア国境の鉄条網を撤去した。同じ共産主義圏に属する国として、東ドイツからハンガリーへの旅行は比較的簡単だったので、多くの東ドイツの若者がハンガリー経由で西ドイツに脱出できるのではないかと考えた。数万人の若者がハンガリーにとどまってその機会をうかがう事態が1989年の夏、顕著になった。

さらに共産圏の各地の西ドイツ大使館に駆け込んで、西ドイツのパスポートを申請することも始まった。ブダペスト、ワルシャワ、プラハなどの西ドイツ大使館が東ドイツ人であふれる状況が、その年の夏中、続いた。

ハンガリー政府は東ドイツとの間で、東ドイツ人を第三国に出国させないことを定めた査証協定を結んでいた。しかし、自由化の方針を固めたハンガリー政府は、この協定を破っても、これらの東ドイツ人を西ドイツに脱出させることを決め、９月11日にオーストリアとの国境を開放し、数万人が西ドイツへ出国した。また、ワルシャワやプラハの大使館にとどまっていた東ドイツ人も、10月のはじめに列車を使い西ドイツに出国した。

こうして西ドイツへの脱出者数は１９８９年１〜11月、25万人に達し、西ドイツに到着し歓声を上げる東ドイツ人の姿がメディアで大きく報じられた。多数の若者たちの流出は、すでに衰弱していた東ドイツ経済、社会に大きな打撃を加えた。

国民の大量脱出と並行して、東ドイツ国内では１９８９年9月から10月にかけ、民主化を掲げた「新フォーラム」「民主主義を今」、そして、後にメルケルが加わる「民主的出発（ＤＡ）」などの市民運動組織が結成された。

ＤＡ設立が宣言されたのは、１９８９年10月１日だった。全国から80人が集まり、ベルリンの教会施設で設立集会を開こうとしたが、シュタージによって解散させられた。しかし、指導者の一人で牧師のライナー・エッペルマン（前出）は、やはり牧師のエアハルト・ノイバート（１９４０年生まれ）の家を秘密の会合場所として指定し、17人が集まり宣言の決議に成功した。

ドレスデンでは10月３〜５日に民主化を求めるデモ隊と警官隊との衝突事件が起こったが、10月９日の７万人が参加したライプチヒの月曜デモは、東ドイツ政府が暴力を自制し平和裏に行われた。

10月６日、東ドイツ建国40周年式典がベルリンで行われ、来賓のゴルバチョフが東ドイツ体制の改革を求めたのに対し、ホーネッカーは拒否する演説をした。これを機に、ＳＥＤ政治局内でホーネッカー下ろしの動きが始まった。18日、ホーネッカーは辞任を表明した。

◇ベルリンの壁崩れる

ＤＡは10月29、30日、ベルリンのプロテスタント教会施設で１００人が参加し、改めて設立集会を開いたが、もはやシュタージの妨害はなかった。

メルケルは11月４日、ハンブルクで叔母の誕生日を祝い、その足でザウアーに会いにカールスルーエに向かった。そしてベルリンに帰ってきてすぐに、11月９日のベルリンの壁開放を迎えた。この日の夜の行動は、彼女らしさをよく表すエピソードとして、様々なところで紹介されている。

壁開放のきっかけとなったのは9日午後7時前、政治局員のギュンター・シャボフスキー（1929～2015年）が記者会見で、「東ドイツ市民は即時に、東ドイツ国境を通って出国することができる」と述べたことだった。

このニュースを聞いた多くの東ベルリン市民が、その日の夜のうちに西ベルリンになだれ込んだ。ブランデンブルク門の前にあった壁の上に大勢の人々がよじ登り、ハンマーで壁を壊そうとする映像は今でも記憶に新しい。20世紀最大の出来事の一つである冷戦崩壊の象徴となった。

11月9日は木曜日だったが、メルケルは午後8時頃、習慣になっていたエルンスト・テールマン公園のサウナに行った。

メルケル：「私はシャボフスキーの姿をテレビで見て、母に電話した。家では、もし壁がなくなったら西ベルリンのケンピンスキーホテルで生ガキを食べようと、いつも話していたのだ。母には今のところここまで、と話した。そしていつもの週のようにサウナに行った」

シャボフスキーの声明は、どう解釈したらいいのか分からないところがあったが、多くの東ベルリン市民が、ともあれ状況を見てみようと8か所ほどあった東西ベルリン間の検問所に赴《おもむ》いた。結果的に、多くの人のそうした行動が歴史を動かしたのだが、そうした「軽挙妄動」ができないところがメルケルらしい。

しかし、午後9時頃、サウナの帰り、ボルンホルム通りをタオルを手に通りかかると、大勢の人が検問所を目指して歩いて行くのに遭遇した。彼女はこれらの人々と一緒に東西の境界を越えて西ベルリンに入った。そして、壁開放を喜ぶ西ベルリンの一般家庭に食事に招かれた。

メルケル：「そこにいた全員、西ベルリンの繁華街クーダムに行こうとしたが、私は帰りたかった。私は翌日、早朝に家を出なければならなかった。そして知らない人との交流はとりあえず十分だった」

メルケルは夜半には自宅に戻って翌日の仕事に備えたが、もちろん、当時の東ベルリン市民の多くがそうであったように、ベルリンの壁開放を素直に喜んでいた。

メルケル：「ベルリンの壁が崩壊する前は、私の道は壁で終わっていた。毎朝通勤時、まず壁に向かって歩いた。壁は、不自由で監視され干渉する東ドイツ体制に生きていることをいつも思い出させた。壁は自由、民主主義、自由な自己発展を制限した。余りにも多くの人が自由への逃亡の際に生命を犠牲にせねばならなかった」

しかし、研究所の同僚と話すと何人かは意気消沈していた。「もはや（改革された共産主義体制を目指す）『第3の道』はありえない。全ては早期の統一に向けて進んでいる。東ドイツは西ドイツに飼いならされてしまうだろう」といった意見だった。

当時の東ドイツ知識人の多くは、東ドイツ体制改革の必要性では、ほぼ認識が一致していた。しかし、共産主義思想そのもの、あるいは西ドイツ体制をどう評価するかで考え方の対立があった。

◇「民主的出発（DA）」への参加

ベルリンの壁開放を契機に東ドイツの政治運動は、民主化から統一への志向が基調となる。11月18日、SED改革派とされていたハンス・モドロウ（1928年生まれ）を首班とする東ドイツ政府が発足した。モドロウは「条約共同体」による東西ドイツの関係強化を打ち出した。国家としての東ドイツを保ったまま、西ドイツの援助を引き出す狙いだった。これに対し、11月28日、西ドイツ首相のヘルムート・コールは10項目提案を発表し、ドイツ統一を目指す方針を打ち出しイニシアチブを握った。

メルケルは、そのころ市中心部で頻繁に行われていた市民運動の集会に顔を出すようになっていたが、「こうした場での市民活動家の話し方や議論の仕方は、私のやり方ではない」とも語っている。

メルケル：「反体制市民運動の多くの催しに参加したが、私にはあまり合わなかった。例えば、人民軍に加わりたくない人（反戦主義者）には、市民集会での発言が理解できただろうが、私自身は平和主義的志向を持つ人間ではなかった。チェルノブイリ（原発事故）について言えば、原発は悪魔のものではなく、ソ連は安全な原発を建設しなければならない、と考えていた」

市民運動に距離を置く考え方を持っていたメルケルだが、なぜ「民主的出発（DA）」を選んだのか。

メルケルは「新フォーラム」や東ドイツの社会民主主義政党「社会民主党（SDP）」などにも顔を出したが、前者は権威主義的だったし、後者はすでに完成されたような感じで、労働歌を歌ったり、いきなり親しくなった人どうしが使う二人称代名詞であるduで呼び合うような雰囲気が肌に合わなかった、と証言している。

それに対し、DAは参加者の多くが知識人で、ほとんどがプロテスタント牧師だった。また、ＤＡは、市民運動にとどまろうとした「新フォーラム」とは違い、政党となって現実政治に参加しようとする志向を持っていた。加えてメルケルは、当時、数多く出現した東ドイツの政党の中では、ＳＤＰだけが新党として生き延びることができると見られていたので、多様な政党があった方が望ましいと思った、なども語っている。

「10～12月、何をしていたのか」と聞かれてメルケルは、「私自身もわからない。まだ観察者だった。市民運動に参加する決断ができていなかった。アカデミーの上司のクラウス・ウルブリヒト（１９３８年生まれ。統一後、ベルリン・ケーペニク区長などを務める）と12月14日にＳＤＰの催しに行き、ウルブリヒトはそのままＳＤＰに入ったが、私はＤＡにたどり着いた。ＤＡはまだ混沌としており、働きかける余地があると思った」

当初、ＤＡの路線は曖昧だった。翌１９９０年5月1日までに政党を発足する、としていたのを、東ドイツ人民議会選挙が同年3月18日に前倒し実施となったのを受けて、１９８９年12月17日のライプチヒ大会で急遽、政党として発足した。ここで採択された党綱領では、民主化とドイツ統一を目標に掲げた。他方、「産業社会のエコロジー的再建」や、統一の際には、北大西洋条約機構（ＮＡＴＯ）から脱退することも明記した。党首には東ドイツの弁護士ヴォルフガング・シュヌーア（１９４４～２０１６年）が選出された。

1990年2月5日、西ドイツCDUの強い後押しの下、DA、東ドイツのCDU、ドイツ社会同盟（DSU）の3党で選挙同盟「ドイツ連合」が結成された。このため、DAの党内左派は離党しSDPに移った。

ラングート（前出）はメルケルがDAに正式に参加したのはライプチヒ大会後、クリスマスの直前としている。ただ、DAへの入党申請書などの資料は発見されていない。当時の東ドイツの民主化運動は混乱していた。単に口頭で申し出れば入党できたようだ。

◇すぐに頭角を現す

DAは年が明けるとフリードリヒ通り165番地の、当時東ドイツ民主化運動の拠点だった「民主主義の家」に党本部を移した。メルケルは次第にアカデミーよりもDAで過ごす時間の方が長くなったが、当初、はっきりした担当分野を持っていたわけではなかった。

すでにDAの活動に加わっていたアンドレアス・アペルト（1958年生まれ。ドイツ統一後、CDUベルリン市議会議員）は、メルケルにビラの文案を考えるように依頼した。DAは党紙も機関誌も持っていなかった。メルケルは自宅で文案を考え、それを本部でタイプ打ちした。最初のビラはタクシー運転手に向けて配られたものだった。

メルケルはDAの職員として働き始め、その仕事の正確さと熱心さで少しずつ存在感を増していった。その頃、西ドイツから東ドイツの民主政党を助けるために来ていたジャーナリストは、メルケルが学生のような印象を与えながらも、混乱した状況の中ですでに不可欠の人材だった、と証言している。党で選出されたわけではなく、シュヌーアから個人的な信任を得たに過ぎないのだが、報道官の役割を任せられるようになった。

１９９０年1月23日、DAベルリン支部の大会が開かれ、メルケルは正式に報道官に選出された。2月にはアカデミーを一旦離れ、DAの人民議会選挙のための運動に専念することにした。メルケルは選挙が終わればアカデミーに戻ろうと考えていた、と語っており、この時点では政治の世界で生きていこうと意思を固めたわけではなかった。

人民議会選挙投票日の4日前、党首のシュヌーアがシュタージの非公式協力者だったことが発覚した。メルケルは急遽記者会見を主催し、党が彼を辞任させることを発表した。

１９９０年3月18日行われた人民議会選挙で、選挙同盟「ドイツ連合」は47・8％の得票率で定数４００のうち１９２議席を獲得した。第2党の社会民主党（SDP）の21・8％、88議席を圧倒的に上回る勝利だった。

しかし、政党別では東ドイツCDUが40・6％、１６３議席を獲得したが、DAはわずか

0・9%、4議席の惨敗だった。開票日当日の晩、メルケルは元の職場に戻らねばならないと考えた。

◇DA創設者の証言

東ドイツの民主化運動に飛び込んだ当時のメルケルのことをよく知る、DAの創始者の一人ノイバートに私がインタビューしたのは、2013年2月28日、テューリンゲン州の州都エアフルトにある彼の自宅でだった。

エアフルト中央駅から徒歩15分ほど、ユーリー・ガガーリン・リングという大通りを歩き、雪が残る閑静な住宅地に入ると、アール・ヌーボー様式の家が建ち並ぶ一角があった。

統一後、共産主義に関する本も著したノイバートの、東ドイツ体制に関する見解も興味深かった。簡素な居間でノイバートはメルケルの記憶をたどった。

――最初の出会いを覚えているか?

「彼女はやや遅れて、確か1989年11月末に運動に参加した。マリーエン通りにある我々の事務所にやってきて、『事務所を見学していいか』と聞いた。事務所は小さな2部屋からなり、部屋の片隅にはチラシの印刷機があったが、電話はなく、ひっきりなしに人間が出入りしていた。それは混沌だった。全世界から訪問客がいたが、我々を完全に過大評価していた。我々は10月19日まで非合法の組織だった。活動の一部は私の家でやっていた。その間、まだシュタージが盗聴していた」

「彼女はＤＡの事務所のいすに座り、いくつか言葉を交わしたと記憶するが、まもなくして採用された。彼女は科学アカデミーの仕事がいかに非効率だったか話していた。彼女は当初、全く目立たなかったし、とても慎み深く地味だった。私は１週間たってはじめて博士号を持つ物理学者と知ったくらいだ」

インタビューに答えるノイバート
(2013年２月28日、エアフルトで)

「その頃我々はどんな人間が参加しているか、気にとめなかったが、私は彼女を気に入り、数週間一緒に働いた。彼女は集団の中で良くやっていくことができた。そして皆の気持ちを安心させる要素だった。というのは、彼女は誰でも理解可能な公的な文書をきちんと書けたからだ。西ドイツＣＤＵとの交渉に広報官として同席し力を発揮した。我々の活動はプロの政治活動とはほど遠く、多くの政治潮流が流れ込み、事務的な経験も資金、組織もなく、あらゆることが即興で行われた」

「彼女は非常に実務的な人間で、我々のような1970年代からイデオロギー闘争を行っていた古参の反体制人間とは異質だった。彼女は因果関係と論理的な結果として物事を見る自然科学者だった。DAには神学者しかいなかったが、彼女は神学者とは違った思考法を持っていた」

◇バウハウス的な言葉

ノイバートはメルケルの政治家としての特質に関して、次のような分析を語った。

「彼女が報道官としてだけでなく、政治家としての可能性があることが明らかになるのに時間はかからなかった。その間、古参の反体制派の活動家はエッペルマン（前出）を除き、全ていなくなった。独裁体制の下で反体制派として政治をすることと、自由社会で他の政党と競争することには大きな違いがある」

「政治に携わるものは権力としての役割を果たさねばならない。決定を下し、誰かに対しては厳しく当たらねばならない。メルケルはそうした際にためらいを見せる。彼女は誰か他人を人間的に苦しめるようなことはしなかったし、個人の人生を政治的に利用することもなかった。彼女にとって政治は、化学の公式や物理学の数列のようなものだ。それは人間を揺さぶる最も内的なものとは関係がない。他方、他人に対するキャンペーンに加わることはないから、他人が彼女を個人的に攻撃する状況はめったに起こらない」

「彼女の言葉は常にすばらしいとは限らない。それは文学的な表現ではなく、バロック的な装飾もないが、醒《さ》めて事実に即した言葉だ。イデオロギー的な泡を含まず、ドイツの（20世紀初めの機能主義的な建築、芸術様式）バウハウスの美学のようで、カリスマ的ではなく冷静でスパルタ的だ。プロテスタント的な伝統に関係しているのだろう。激情を見せたことがないし、他人を傷つけるほど笑ったこともない。そのレベルまで自分をおとしめないのは強みだ」

「ＤＡ指導部内でＣＤＵとどのように一緒にやっていけばいいのか、路線闘争があった。その際、メルケルが巧みに、内部の問題が外に漏れないようにしたことに驚いた。彼女がどんどん出世するのを見て、彼女はこの線で行ったのだ、とよくわかった。危機に際して、彼女は目立たないながらも断固として提言して、必要ならば身を挺して解決に努力する」

「多くの人が彼女は長い間躊躇しすぎる、と言うが、実行可能なチャンスが得られるまで躊躇するだけだ。彼女は尚早に弾を撃つようなことはしない。彼女は典型的なプロテスタントの牧師の娘だ。牧師は常により高い水準に自分を置く。神と接触する者だからだ。そしてその妻、家族はねばり強く、慎み深く、背後で活動する」

「彼女は政治を『可能性の芸術』（19世紀のドイツの政治家オットー・フォン・ビスマルクの言葉で、あらゆる可能性を探りながら目標を達成する政治のあり方を言う）として行う。CDUの支持層である非常に保守的なカトリック教徒から（個人の尊重といった社会的意味での）リベラルな人までを架橋するのは非常に難しい。同性婚やトルコのEU加盟について、彼女は中間の道を追求してきた」

◇NYタイムズからプラウダまで

DA広報官としてのメルケルの活動に話を戻そう。

1990年3月18日の人民議会選挙投票日の夜にメルケルは、素早く動き出していた。深夜に、新首相になることが確実な東ドイツCDU党首のロタール・デメジエール（1940年生まれ）に会い、彼にDAのことも忘れないように求めた。

こうした行動に、次のポストを狙ったメルケルのしたたかさを読み取る伝記の記述もある。

ただ、肝心なことは、DA報道官としての仕事ぶりが、すでに関係者の間では特筆されていたことだ。

エッペルマン（前出）はデメジエールに、「よい女性報道官を知っている」と知らせた。デメジエールは、西ドイツ政府から派遣されていたアドバイザーである経済協力省報道官ハンス＝クリスティアン・マースに「メルケルに一度会いたい」と伝えた。

東ドイツ政府副報道官時代のメルケルとデメジエール首相（1990年8月撮影。Bundesarchiv, Bild 183-1990-0803-017 / Settnik, Bernd / CC-BY-SA 3.0）

民主化の支援を目的に東ドイツCDUやDAにアドバイスをしていたマースは、すでに1989年11月14日、経済協力相とともにDA本部を訪れた際、メルケルと会っていたし、西ドイツで行ったメディアセミナーに参加したメルケルも知っていた。マースは、「彼女は自然科学者で、仕事は正確で規律がある。DAのメンバーで政府人事のバランス上もちょうどいい、と考えた」と回顧する。

デメジエールは4月12日、首相に選出された。メルケルは最初にして最後の民主的に選出された東ドイツ政府の副報道官に就いた。報道官のマティアス・ゲーラー（1954年生まれ）は国会担当、メルケルは報道担当となった。東ドイツ政府報道局の職員は180人で、記者会見は国際プレスセンターで週に2回開催された。当時東ドイツの問題を担当していたジャーナリストは、彼女が正確で本質をつかんだ広報を行ったと評価している。

デメジエールの回想によると、メルケルは社会民主主義に近い考え方をしていた。毎朝行われる報道分析では、「重要なことをはっきりさせ、実際的な提言をする能力で驚かせた。ニューヨークタイムズからプラウダまで、見出しを読み取り要約できた。報道官のゲーラーの2分の1の時間で2倍の成果を持ってきた。一瞥して、何が重要か重要でないか判断できた」という。

メルケルは広報の仕事に加え、デメジエールの政治アドバイザーとしての役割も果たすようになった。彼のテレビインタビューを遮ってやり直しをしたこともある。メルケルはデメジエールに同行して、ストラスブール、ロンドンなど外国に行く機会もあった。9月12日には、ドイツ統一に関する外交交渉の最後のハードルだったモスクワ会合にも同行した。

◇CDUへの鞍替え

ＤＡの活動は新政権の下で低調となり、１９９０年8月4日の党大会で、代議員の圧倒的多数で東ドイツＣＤＵとの合併が承認された。

メルケルのＣＤＵへの入党は自然な流れだったともいえる。彼女自身はＣＤＵを選んだ理由について、キリスト教の隣人愛の考え方が共産主義の集団主義に対して盾になったことと、戦後西ドイツの高度成長を可能にした「社会的市場経済」の考え方がＣＤＵの経済思想であることを挙げている。

すでにメルケルは東ドイツ政府副報道官時代から、統一ドイツでどのような職に就くか、考え始めていた。もはや科学者に戻ろうという気持ちはなくなっていた。

統一後、当面は連邦（国）報道局の参事官職を得ることができた。このポストを利用してメルケルは、12月に行われる統一ドイツ最初の連邦議会選挙の候補者になろうと動き始めた。

本来ならば出身地のブランデンブルク州の選挙区から立候補したかったが、ＣＤＵの同州代表とは関係が良くなかった。そこで北隣のメクレンブルク・フォアポンメルン州代表を務めるギュンター・クラウゼ（１９５３年生まれ、統一条約交渉の東ドイツ政府代表で、統一後は運輸相などを務める）に相談した。クラウゼが世話をしたのが「シュトラールズント・リューゲン・グリンメン」選挙区だった。

候補を決める党員大会は、1990年9月27日、バルト海の島であるリューゲン島プローラで行われた。

第1回投票は3人が立候補したが、同島を地盤とする候補が1位となり、2位が島から30キロほど離れたグリンメンを地盤とするメルケルで、決戦投票が行われることになった。ところが、第1位の候補に投票した多くの代議員が、家が近いので決選投票に残らずに帰ってしまった。メルケル支持の代議員はバスで遠方から来ている者が多かったので、そのまま残った。決選投票ではメルケルが過半数を得て勝利し、CDUの候補となった。この対立候補者はメルケルによる最初の政治的犠牲者だった。

12月2日の連邦議会選挙で、メルケルは48・5%の得票率で当選した。政治家としてのキャリアの始まりだったが、この数週間後に閣僚に抜擢されるとは、彼女自身も想像していなかっただろう。

第4章　首相への階段〈閣僚、野党指導者時代〉

1991–2005

西暦年	メルケル関連	ドイツの出来事	国際社会の出来事
1991年	1月、ヘルムート・コール首相の第4次政権で女性・青年相に抜擢。西ドイツ以来の閣僚の中で最年少。 12月、CDU副党首に当選。		1月、湾岸戦争勃発。 12月、ソ連崩壊。
1993年	6月、自分の選挙区があるメクレンブルク・フォアポンメルン州のCDU州代表に選出。		11月、欧州連合（EU）発足。
1994年	10月、コール首相の第5次政権で環境・自然保護・原子力安全相に就任。		
1995年	3～4月、ベルリンで開かれた地球温暖化防止会議（COP1）を議長としてまとめる。		
1997年	8月、地球温暖化防止京都会議準備のため初来日。11月、同会議開催。		
1998年	11月、CDU党幹事長に。 12月、ザウアーと再婚。	9月、第14回連邦議会選挙でCDU・CSUは大敗。下野する。CDU党首はショイブレに。社会民主党（SPD）と緑の党の左派連立政権が発足し、シュレーダーが新首相に。	
1999年	12月、フランクフルター・アルゲマイネ紙に「コール時代は不可逆的に終わった」と題する文章を寄稿。	CDUのヤミ献金が発覚。	1月、ユーロ誕生。 3月、NATOがユーゴを空爆。
2000年	4月、CDU党大会で初の女性党首に出される。	1月、コールがCDU名誉党首を辞任。	3月、プーチンがロシア大統領に。

		2月、ショイブレが党首と議員団長を辞任。	
2001年			1月、ジョージ・W・ブッシュ米大統領誕生。 9月11日、アメリカ・ニューヨーク市で同時多発テロ。 11月、アフガニスタンのタリバン政権崩壊。
2002年	9月、第15回連邦議会選挙の敗北後、CDU議員団長に就任。党首と議員団長を兼任することになる。	1月、アフガンの国際治安支援部隊（ISAF）に軍を派遣。 9月、第15回連邦議会選挙で、再びSPDが勝利。左派連立のシュレーダー政権が継続。	
2003年		3月、シュレーダー政権が労働市場改革案「アゲンタ2010」を発表。弱者切り捨ての政策として、各地で反対デモが起きる。	3月、イラク戦争勃発。
2004年		7月、SPDを離脱した左派党員を中心に「選挙オルタナティブ・雇用と社会的公正」（WASG）が結成される。	プーチンがロシア大統領に再選。
2005年	11月、メルケル首相誕生。	9月、第16回連邦議会選挙により、CDU・CSUとSPDの左右両党による大連立政権が発足。	

メルケルがキリスト教民主同盟（CDU）の政治家としてスタートし、首相となるまではわずか15年である。1990年、連邦議会（下院）選挙初当選で閣僚に抜擢され、1998年からの野党時代は幹事長となるが、その1年半後には党首に選出された。2005年にはドイツ史上初の女性首相の座に就く。

メルケルは異端の人材だった。それ故に異例な抜擢が可能だったのだが、この時期になると政治家として不可欠な権力への嗅覚も身に着けていったように見える。それはヘルムート・コールとの「決別」の際に、遺憾なく発揮された。

◇「コールの娘」「灰色のネズミ」

首相のコールは1991年1月18日に発足した第4次政権で、メルケルを女性・青年相に抜擢する人事を行った。

コールがこの異例の人事を行ったのは、統一直後、旧東ドイツ出身者を加えて、旧東西ドイツが一体であることを示すのが不可欠と考えたからだ。また、分権的色彩が強いドイツでは、出身地域がかなり大きな意味を持つため、そもそもコールは西ドイツ時代から、組閣に当たって地域のバランスを重要な登用基準とした。

ただ、当初は別の東ドイツ出身女性を考えていた。しかし、東ドイツ首相だったデメジエール（前出）やクラウゼ（前出）がメルケルを、「大変優秀で適任」とコールに推薦した。また、メルケルが総選挙の際、自分の選挙区で得票率48・５％と健闘したことも評価された。

メルケルはこの時、36歳で、西ドイツ以来の閣僚の中で最年少だった。コールにとっては、彼女がまだ若いことも、自分の政治的地位に影響を与えることはないし、政治家として教育の可能性があると見た。まず易しい課題を扱う省を担わせて、政治キャリアの最初のステップにするつもりだった。

メルケルも積極的にコールに接触し、自分を売り込んでいた。ドイツ統一の日の前日（１９９０年10月２日）、ハンブルクで開かれたＣＤＵの統一党大会のパーティーの席で、メルケルは初めてコールと直接話した。２人がかなり長時間話したことは、コールが初対面でありながら、強い印象を受けたことを物語る。そして、総選挙直前の11月終わり、メルケルをボンの首相府に招いた。

メルケルとコール。「コールの娘」と言われた時代
(1991年12月16日撮影。picture alliance ／アフロ)

メルケルは「選挙についておしゃべりをしただけ」と振り返っているが、コールは理由なく人と会い、長時間を割くような人間ではない。メルケルを組閣の目玉にする意図がすでにあったと見られる。ただ、コールはまだ決断はしていなかった。彼女が東ドイツ時代、社会主義統一党（ＳＥＤ）に協力していたかどうかを示す東ドイツの秘密警察シュタージが残した資料が届くのを待っていた。

西ドイツ政界とは無縁な人物の抜擢は、ひとえにコールの恩恵によるものと受け止められた。メルケルは「コールの娘」と呼ばれ露骨に軽んじられた。彼女が時折見せる疲れたような表情や、長いスカート、飾り気のないブラウス、化粧っ気のない顔などから、「灰色の鼠」（目立たない平凡な女性という意味）と呼ばれるのに時間はかからなかった。東ドイツ人の雰囲気をたたえ、まだ公の場でたばこを吸っていた。

◇異文化「西ドイツ」での屈辱

東西ドイツの統一は事実上、西ドイツによる東ドイツの吸収だった。官庁のトップになったメルケルにとっては、これまでとは全く違う、西ドイツ文化が支配する職場で職員を統率しなければならなかった。

就任直後、職員たちはメルケルに、クレジットカードの使い方とか、米国のマンガの主人公スヌーピーは誰か、といった、東ドイツでは無縁だった西側世界の常識を説明しなければならなかった。しかし、メルケルが早速人事の刷新に取りかかると、官僚たちは彼女がいかに早く情勢を把握し、新しい仕事を覚えるかに感嘆した。「彼女の集中力、知性、本質をつかむ能力などはとても魅力的だった」と、間近で働いていた職員は話している。

メルケルも与えられた職掌を迅速に把握しようと努力した。その際にメルケルが活用したのが専門家との対話だった。その中には、ドイツ連邦銀行総裁のハンス・ティートマイヤー（１９３１～２０１６年）、連邦憲法裁判所長官のエルンスト・ベンダ（１９２５～２００９年）などがいた。

把握すべき課題は中絶問題、東ドイツ時代に行われていた強制養子の問題（西側への亡命者の子女を強制的に養子縁組に出した）、事実婚や同性婚の問題、児童ポルノの問題など多岐にわたった。問題が一通りどのようなものかわかると、次の課題の勉強に移った。

前任の大臣は自宅に職員を招いたり、大臣あての贈り物を職員に分けたりしたが、メルケルは休息を取ることなく働き、職員との交際に割くプライベートの時間はないように見えた。

メルケルは外遊も積極的に行った。ただ、1991年4月7〜9日のイスラエル訪問では屈辱的な目にもあった。ハインツ・リーゼンフーバー研究・科学技術相（1935年生まれ）とルッツ・シュターフェンハーゲン首相府相（1940〜1992年）の2人も同行したが、儀典によれば女性・青年相はこれら2人の閣僚よりも位の高い閣僚のはずだった。しかし、空港で出迎えたイスラエルの政府関係者、ジャーナリスト、ドイツ外交官はリーゼンフーバーに詰めかけた。空港の最重要人物（VIP）ルームで、リーゼンフーバーが学問分野での両国の協力関係に関して演説するのを、傍らで無言のまま聞いていなければならなかった。

当時、旧西ドイツ人に脇に押しのけられるという、多くの旧東ドイツ人が感じた屈辱を、メルケルも感じることになった。とりわけ、在イスラエルドイツ大使オットー・フォン・デア・ガブレンツ（1930〜2007年）は、メルケルをきちんと遇しなかった。少なくともメルケルはそう感じ、「冷たい怒り」を懐いた。悔し涙を流したことが同行のジャーナリストによって目撃されている。

とはいえ、閣僚はドイツ社会において高い社会的地位を持つ。突然、メルケルの下に大勢の訪問客がやってくるようになった。

メルケル：「そういう人たちが言っていることを、彼ら自身が本当にそう考えているのか、いつも確信が持てなかった。東ドイツで学んだことは、その人の誠実さに対する鋭い勘だった。私はいつも疑い深く、そのことは今日西ドイツでも役に立っている」

コールのメルケルに対する引き立ては続いた。１９９１年７月11～17日、コールはメルケルを連れて米国を訪問し、当時の大統領ジョージ・Ｈ・Ｗ・ブッシュ（１９２４年生まれ）や前大統領のロナルド・レーガン（１９１１～２００４年）に面会させた。

◇旧東ドイツの希望の星

いくらコールという強力な後ろ盾があっても、党内の基盤がなければ政治家として長続きしないことは、メルケルもよく自覚していた。ちょうどそのとき、東ドイツ首相だったデメジエールがシュタージの非公式協力者だったとの疑惑が持ち上がり、兼任していたＣＤＵ副党首（５人いる）とブランデンブルク州代表を辞任した。そこでメルケルは、ブランデンブルク州のCDU代表のポストを目指すことにした。

しかし、1991年11月のCDUブランデンブルク州党大会で、メルケルは対立候補に大差で敗れた。これはその後の経歴も含め、彼女が投票で破れた唯一の例である。

しかし、この失敗は昇進の挫折とはならなかった。12月にはCDU副党首に立候補し当選した。メルケルはCDU内で短時間のうちに、唯一の成長の可能性を持った東ドイツ出身政治家という評価を得た。

閣僚になって8か月ほどたって、シュピーゲル誌(1991年9月16日号)がメルケルに焦点を当てた記事を掲載している。

――メルケルは1年前のドイツ統一の頃、ボン(西ドイツの事実上の首都)の政界やメディアで全く知られていなかったが、いまや「希望の星」だ。ヘリコプターで移動するなど、女性・青年相として精力的に仕事をこなしている。彼女は幼い時から西ドイツ連邦議会の議論をラジオでフォローし、8歳の時から西ドイツの閣僚の名前を諳《そら》んじることができた。通訳になるのが夢だったが、東ドイツが物理学者を必要としていたので、苦手だった物理学を選んだ。だからこそ、SED党員にならないのに大学教育を受けることができた。

1992年9月には、CDU内の伝統あるプロテスタント教徒グループの会長に就任した。

1993年6月には自分の選挙区があるメクレンブルク・フォアポンメルン州（135ページ参照）のCDU党大会で州代表に選出され、自分の地盤を確固なものとすることができた。

統一ドイツの政治世界で着々と地歩を固める一方で、それまで親しかった東ドイツの人々とは関係が疎遠になる傾向が見られた。デメジエールは2002年、「彼女は西ドイツの政治家になってしまった。マリオネットのように人を動かすことに楽しみを見いだすような」とシュピーゲル誌に語っている。

◇最初からリベラル政治家

女性・青年相として取り組んだ課題の中で最も難題だったのが中絶問題だ。

メルケルは女性の自己決定を尊重する立場だったが、キリスト教民主・社会同盟（CDU・CSU）の連邦議会議員で多数派だったカトリック教徒は、「生命の保護」を最優先にする考えを持っていた。議員の考えはほぼ4つに分かれた。中絶の無条件の禁止、医者が中絶の可否を判断する「要件解決」、一定期間前の中絶を容認するが相談を前提にする「相談解決」、一定期間内の中絶を無条件で容認する「期間解決」の4つだった。

メルケル自身は女性に決断の権利がある「相談解決」が望ましいとの立場だった。「処罰よりも支援」であり、中絶に対して処罰でのぞむより、助言を与えた方が中絶せずに出産を決断することになるのではないか、というものだった。

この立場は議員団で多数意見となる見通しはなかったが、メルケルはこの考えを押し通した。そして閣僚としては異例なことに、CDUの提出した法案の投票を棄権した。その理由として、CDUの法案は女性に対して厳しすぎたから、と語っている。

こうした考え方や振る舞いから、メルケルの思想は当初から「CDU左派」と見なされた。当時のCDUの大多数にとって、共産主義国家からやってきたリベラルな女性との印象だっただろう。第1、2章で述べたように、東ドイツの正道を歩んだわけではないが、東ドイツの常識が、自ずと彼女の価値観に入り込んだところはあるのだろう。

彼女が生まれ育った東ドイツ地域は、元々伝統的な家族観を守るカトリックに比して近代的なプロテスタント地域であり、すでに述べたようにメルケルも敬虔なプロテスタント教徒である。プロテスタントはカトリックに比べ人間の主体性を重視し、人によっては世俗的なリベラリズムに接近している。女性は家庭にいて幼児は母親が育てるべき、というカトリック層に根強い家族観は、身についた感覚としては持っていないのだろう。ドライな人間関係をよしとする彼女の性格も関係しているかもしれない。

話は飛ぶが、メルケルは２０１７年９月の総選挙を前に議論になった同性婚を認める法案について、その採択を認める一方、６月30日に行われた投票（賛成多数で可決）で反対票を投じている。今度は保守的な考えを代表するようだが、これもキリスト教徒としての行動だろう。家族倫理や生命倫理の問題について、個人の信念に沿って振る舞おうとする点で一貫している。

◇COP1をまとめる

１９９４年10月16日の第13回連邦議会選挙を受けて発足したコール第５次内閣で、メルケルは環境・自然保護・原子力安全相（以下環境相）に就いた。それまでの比較的与《くみ》しやすい分野とは違い、ドイツ社会を二分するようなテーマが多く、担当大臣の決断が大きな意味を持つ分野の行政を任されたのである。

環境省は、１９８６年４月のチェルノブイリ原発事故を受けて同年６月に設立された。１９８７年から環境相に就いたＣＤＵのクラウス・テプファー（１９３８年生まれ）が、ドイツの環境行政の基礎を作ったとされる。しかし、特に自動車業界からは、その政策は規制が強すぎ、経済を軽視した独断的なやり方と反発も強まっていた。ドイツ統一後、旧東ドイツの経済再建が重荷となり悪化する経済状態の中で、そのやり方は行き詰まっていた。

メルケルは環境相のポストを飛躍のチャンスと見たが、テプファーは環境団体からは高く評価されていただけに、比較され批判の対象となる可能性はあった。メルケルはテプファー時代の残滓《ざんし》を払拭し、独自の方針を貫ける体制を築くことを急いだ。就任から3か月もたたないうちに、実力者だったクレメンス・シュトレートマン次官（1946年生まれ）を解任したことで、省内で一目置かれるようになった。


1995年3～4月、ベルリンで開かれた地球温暖化防止会議（第1回気候変動枠組み条約締約国会議＝COP1）が、国際舞台での実力を試す最初の機会となった。130か国から1000人の代表が集う大規模な国際会議を議長としてまとめたことは、多国間交渉で力を発揮する政治家であることの証明になった。その能力は首相就任後、欧州連合（EU）首脳会議や主要国首脳会議（サミット）などの場で生かされることになる。

互いに不信感を持っていたメルケルと環境省の役人たちだったが、多くの役人が、環境に関する知識を素早く自家薬籠中《じかやくろうちゅう》のものとし、批判的意見にも注意を払う彼女の能力を評価するようになった。経済界との関係も最初の数か月間で明らかに改善した。

◇閣議で涙を流す

メルケルは、夏のスモッグ対策で関係者間の政策調整がうまくいかず、閣議で涙を流したこともある。

１９９５年夏、光化学スモッグの原因となる大気中のオゾン値が上昇し、環境省に対し対策を求める野党や世論の圧力が激しくなった。そのために環境省が打ち出したのが、高速道路における自動車の速度制限や走行禁止措置だった。

メルケルは事前にマティアス・ヴィスマン運輸相（１９４９年生まれ）とギュンター・レクスロート経済相（１９４１〜２００４年）と会談し調整していたつもりだったのだが、閣議では、両閣僚ともこの政策に反対した。速度制限、走行禁止とオゾン値との因果関係が学問的に立証されていない、経済に大きな影響を与える、などが理由だった。

メルケルは孤立した。コールも省庁と議員団の合意を得るには、夏休み前の短い時間では難しい、という理由で反対した。

メルケル：「コールが、首相府（内閣府）長官のフリードリヒ・ボール（１９４５年生まれ）からこの件について、ほとんど聞いていないことがわかった。私は一杯食わされたと感じた。私は幾度も首相府長官とは相談したが、首相自身とはしなかった。煩わせまいと考えたからだ。私は夏までに新たな規制を間に合わせることができないのではないか、と恐れた。そのような状況ならば、男ならば大声を上げたかもしれないが、私の場合は涙を流した」

次の難題は高レベル放射性廃棄物の輸送問題だった。

1998年5月、フランスで再処理を行うため、高レベル放射性廃棄物を専用の容器「カストル（キャスク）」に詰めて輸送する、「カストル輸送」で、基準値を超える放射線量が測定された。メルケルは迅速に対応し、5月21日、放射能漏れが起きないような技術的な措置が講じられるまで、という条件を付けながらも、輸送の即時停止の命令を出した。25日には、基準を超えた放射能数値が検出された場合の通報義務などを盛り込んだ10項目の安全対策を公表した。

しかし、野党は追及の手を緩めなかった。緑の党の議員団長（院内総務。下院院内会派のリーダー。日本では国会対策委員長）ヨシュカ・フィッシャー（1948年生まれ）は、メルケルの辞任を求めた。これに対してメルケルは、長期間にわたり放射能漏れの高い数値を環境省に報告してこなかった原子力産業界にこそ責任があると反論して拒否した。

野党は環境省に監督責任があるとしてさらに追及した。ただ、法的には州に監督責任があるため、メルケルはそれを論拠に何とか危機を乗り切り、ねばり強さを持つ政治家であることを証明した。

当時、メルケルの原子力平和利用促進の姿勢は一貫していた。ただこの時の経験が、後の福島第一原発事故直後の脱原発決定に影響を与えたのかもしれない。メルケルは環境相の経験を通じて、ドイツ人の中に強い原子力エネルギーへの拒否感があることを知った。

閣僚としての8年間に及ぶ活動期間は、まだコールの影から抜け出ることはできなかった。しかし、迅速に新分野に精通する能力は際立っていた。閣議にはよく準備してのぞみ、時にはコールに異論を唱えることもいとわなかった。

１９９７年8月、地球温暖化防止京都会議（第3回気候変動枠組み条約締約国会議＝ＣＯＰ３）の準備のため、メルケルは初来日した。

地球温暖化防止京都会議出席のため来日したメルケル（中央）（1997年12月10日。AP／アフロ）

◇ヤミ献金の発覚

１９９８年9月27日の第14回連邦議会選挙で、ＣＤＵ・ＣＳＵは得票率35・２％と、前回１９９４年の41・

5％から大きく票を減らし大敗した。コールの首相在任は4期16年に達しており、ドイツ国民に飽きられていたことが敗因の一つだった。選挙を前にして、構造改革の遅れを表した「改革渋滞」（Reformstau）という言葉が流行語にもなった。

社会民主党（SPD）と緑の党の左派連立政権が発足し、シュレーダー（前出）が新首相に選ばれた。CDU・CSUと自由民主党（FDP）は野に下った。メルケルは11月7日の党大会で幹事長に選出された。その後しばらくの間メルケルは、党首となったヴォルフガング・ショイブレ（1942年生まれ）を支えながら、CDU内で地位を固めていった。ショイブレは閣僚時代のメルケルの家族政策などを評価しており、ウマが合うと感じていた。そして、CDUの世代交代を早く実現したいと考えていた。メルケルもコールからの決別を考えており、ショイブレに接近して行った。メルケルの幹事長登用はショイブレの意向だった。

両人の体制での党運営は多くの成果を上げた。1999年に行われたヘッセンなどの州議会選挙と欧州議会選挙で、CDUはそれぞれ大幅に得票を伸ばした。

しかし、このコンビはわずか1年5か月で終わった。CDUのヤミ献金が発覚し、ショイブレも党首辞任に追い込まれたからだ。ドイツの政治の流れを変えた大スキャンダルだった。

１９９９年11月４日、ＣＤＵの会計責任者を28年間（１９７１〜１９９９年）務めたヴァルター・ライスラー・キープ（１９２６〜２０１６年）に対する脱税容疑の逮捕状が出たことが報じられた。それをきっかけに、ＣＤＵが西ドイツ以来、長年築いてきたヤミの資金調達や分配のシステムが暴露されていった。コールのＣＤＵ掌握のやり方は「コール・システム」と呼ばれていたが、人事の掌握とともにヤミ献金とその活用があったことが明らかになった。

ここで、メルケルがドイツ政界のアウトサイダーであることが決定的な役割を果たした。それから数か月間、清廉潔白な立場に立てたメルケルは、ヤミ献金問題の全容解明を求め続けた。

最初はヤミ口座の存在などを否定していたコールだったが、党の有力者であるハイナー・ガイスラー（１９３０〜２０１７年）がその存在を認めたことなどから、12月16日、政治資金として申告することなく１９９３〜１９９８年、１５０万〜２００万マルク（１９９８年当時の１マルク＝68円で計算すると１億２００万〜１億３６００万円）を受け取っていたことを認めた。しかし、誰から受け取ったのかは、生前（コールは２０１７年６月16日死去）ついに明らかにしなかった。

◇コールへの絶縁状

1999年12月22日付けフランクフルター・アルゲマイネ紙（FAZ）1面に掲載されたメルケルの寄稿「コール時代は不可逆的に終わった」は、政界に衝撃を与えた。この寄稿も、メルケルを語る時に必ず言及される出来事である。

ヤミ献金疑惑で世論の批判を浴びていたとはいえ、コールは1973年から、四半世紀にわたり党首としてCDUを率いてきたし、総選挙に敗北し、党首を辞任した後も名誉党首として党に影響力を保持していた。党内でコールに対し反旗を翻《ひるがえ》すことは勇気のいる行動だった。メルケルはこの寄稿によってCDU内の支持を自分に大きく引き寄せることができた。

寄稿ではヤミ献金疑惑の徹底解明を訴えるとともに、この事件をむしろチャンスととらえ、新しい世代が主導権を握ることを宣言している。寄稿についてショイブレにも事前に連絡しなかったため、ショイブレはメルケルに電話をして、驚きかつ心外であると伝えた。メルケルにとってこの寄稿はコール、ショイブレ両人との関係を、とりあえず絶つことを意味した。

この寄稿の掲載はメルケルから持ちかけたものだった。12月21日、20年以上もCDUを担当してきたFAZ記者のカール・フェルトマイヤー（1938〜2016年）に電話し、ヤミ献金事件に関して寄稿するか、あるいはインタビューに答えてもよい、と申し出た。寄稿がよい、とフェルトマイヤーが答えると、５分もしないうちにファックスで原稿が送られてきた。

コールに対する世論の批判も高まるばかりだった。２０００年１月18日、コールは党首交代後も就いていた名誉党首を辞任した。１月10日、ショイブレも10万マルクのヤミ献金を受け取っていたことが発覚し、２月16日に党首と議員団長を辞任することを表明した。

メルケルはＦＡＺへの寄稿の時点で、すでにショイブレのヤミ献金疑惑を知っていた。ショイブレに相談することなく、メディアを使って世代交代を訴えたことは、コール、ショイブレをともに追い落とそうという計略を懐いていたとの見方もある。

庇護者であり恩人でもあったコールを切って捨てた度胸の良さは、メルケルの持つ非情な側面を物語っていると言われた。ただ、メルケルとしては、ＣＤＵの党勢が衰えていくことへの危機感が強かったのかもしれない。

ともあれ、党内ではメルケルをたてて党刷新を行おう、という気運が高まってきた。ここで、一般党員を集めて地方で開催されるＣＤＵ「地方会議」が、９回にわたり計画されたのはチャンスだった。それは指導部の方針を一般党員に伝えるためだったが、逆に一般党員が彼らの意思を表明する機会となった。

最初の「地方会議」の会場で「アンジー」（メルケルの名前アンゲラの愛称）が連呼された。メルケルを次期党首に求める大合唱だった。

一方、党首候補として党幹事長や国防相を務めたフォルカー・リューエ（1942年生まれ）を押し立ててメルケルに対抗する動きも始まった。ただ、リューエは直前の州議会選で負けていることから、リューエと財政専門の副党首フリードリヒ・メルツ（1955年生まれ）、そしてCSU党首だったエドムント・シュトイバー（1941年生まれ）が密談し、暫定的な党首として、コールに距離を置いていたクルト・ビーデンコップフ（1930年生まれ）を据えることで内々に合意した。

◇党首に選出、厳しい船出

しかし、「地方会議」でメルケルに期待する一般党員の声は高まるばかりだった。メディアもメルケルに味方をした。2000年4月10日、ノルトライン・ヴェストファーレン州エッセンで開かれたCDU党大会で、935代議員中897の票を集め、メルケルは同党の最初の女性党首に選出された。

ＣＤＵのヤミ献金事件は、日本でもそれなりの関心を引いたので、私はエッセンまで出張しこの党大会を取材した。会場は「メッセ・エッセン（エッセン見本市）」にある多目的ホール「グルガホール」だった。正面入り口の上には、「Zur Sache（本題に帰れ）」という大きな看板が掲げられていた。

ひな壇には党の幹部が名札を前に勢ぞろいしていた。ひな壇の脇に設置されたモニターに、登壇者が演説している姿が映し出される。巨大な体育館のような会場には、各地方支部ごとに代議員が座り演説に耳を傾ける。出入りは自由なので、三々五々、会場の外に出ては無料の食事をしたり、といった雰囲気である。企業のスポンサーが商品などを紹介するブースも並んでいる。ドイツ勤務中、しばしば各党の党大会の取材をする機会があったが、雰囲気は似たり寄ったりだった。

メルケルの演説は記者席に座って聞いた。画面に映ったメルケルの無頓着な髪形が印象に残る。

傷ついた党のイメージを、しがらみからできるだけ離れた人物を担ぐことによって刷新したいという党員の考えが、メルケルを党首に押し上げる原動力であり、この時点で強力な政治力を期待していたわけではなかった。議員団長というもう一つの重責をメルケルに担って

メルケルを党首に選んだCDU党大会。右の画面に演説するメルケルが映っている（2000年4月10日、エッセンで）

ほしい、という声は起きなかった。議員団長には副党首のメルツが選出された。

メルケルは暫定的な役割を担うに過ぎず、党のマイナスイメージが薄れれば、西ドイツ政界出身の本流の政治家に取って代わられると多くの人が思っていた。

野党党首としてのメルケルのスタートは厳しい局面が続いた。メルケルは、与党SPDと緑の党が推し進めた税制改革に対する対応で、CDUの州組織をまとめ切れなかった。税制改革法案は連邦参議院（各州の代表からなる上院）の採決に委ねられたが、CDUが政権を握っている州の中にも、連邦（国）からの補助に頼っている財政基盤の弱い州を標的にしたシュレーダー首相による切り崩しで、法案に賛成する州が出る始末だった。

議員団長のメルツは、経済政策では新自由主義（ネオリベラリズム）、社会政策では保守派で、メルケルとは思想的な違いもあった。メルケルは税制改革で与党との妥協を目指したが、メルツは対決路線を取り、メルケルは指導力を発揮できなかった。

◇首相候補問題で薄氷の決断

２００１年は、２００２年秋に控えた次回連邦議会選挙の候補者決定が次第に差し迫った問題になっていった。

ドイツは議会制民主主義だが、各党は総選挙に際して、仮に政権を握ったら首相に就ける人物を「首相候補（筆頭候補とも言う）」と明示して選挙戦にのぞむ。通常、党首が首相候補となるが、別に首相候補をたてる場合もある。

ＣＤＵの場合、さらに複雑なのはバイエルン州のみを基盤とするＣＳＵの存在があることだ。ＣＤＵとＣＳＵの間には合意があり、相互に相手の地盤には進出しないことになっている。両党は連邦議会で共同会派を組み、基本的には同一歩調を取るが、少数者であるＣＳＵ

の側が、多数者であるＣＤＵの政策に対して異議を唱えることがあり、関係は複雑である。カトリック教徒が支配的なバイエルン州の政党であるＣＳＵは、家庭政策などで保守的であり、治安維持を重視する。ＣＤＵとＣＳＵで一人の首相候補を立てるが、候補者選びが難航することがあった。

メルケルは２００１年夏に首相候補になることへの意欲を示唆し、メルツも意欲を示したが、焦点はＣＳＵ党首のエドムント・シュトイバー（１９４１年生まれ、１９９３〜２００７年バイエルン州首相、１９９７〜２００７年ＣＳＵ党首）がどう出るか、だった。

シュトイバーはずっと立候補を否定し続けた。それには選挙の半年前くらいに表明するのが有利になるという選挙戦術上の計算があった。１９９８年選挙の時は、ＳＰＤがシュレーダーを候補に決めたのは半年前だった。短期間のため、シュレーダーの弱点を探して攻勢に出る間もなく勝利を許してしまった、とＣＤＵ・ＣＳＵは考えていた。

２００１年の年末になり、次第にシュトイバーの支持を表明するＣＤＵの州首相が現れ始め、その声は連邦議会議員にも広がっていった。

２００２年1月11日、マクデブルクで開かれる予定だったＣＤＵ幹事会で、ヘッセン州首相ローラント・コッホ（１９５８年生まれ）がシュトイバーを推すつもりであるという情報をメルケルはつかんだ。これはメルケルに対するクーデターが進行中であることを意味していた。

メルケルはここで果敢な行動に出た。幹部会の前日、ミュンヘンに飛び、ミュンヘンの南にあるヴォルフラーツハウゼンのシュトイバーの自宅で、11日の朝食を取りながら会談し、彼を首相候補として推すことを伝えた。シュトイバーはこの申し出に驚いた。メルケルはその足でマクデブルクに飛んで、シュトイバーを首相候補とすることで合意したことを明らかにした。

すんでのところでメルケルは助かった。もし、幹部会の席でシュトイバーを首相候補として決定する事態となれば、首相候補への立候補の意欲を表明していたメルケルへの不信任を意味することになったからだ。もしかすると党首を辞任せざるを得なかったかもしれない。

◇新自由主義路線に傾斜

２００２年９月22日の第15回連邦議会選挙の投票結果は、ＣＤＵ・ＣＳＵは38・５％、ＳＰＤも38・５％の同率で、わずか６０２７票の差でＳＰＤの勝利だった。緑の党との連立で過半数に達したので、赤緑（ＳＰＤのシンボルカラーが赤のため）のシュレーダー政権が継続することになった。高い失業を解消できなかったシュレーダー率いるSPDに対して、圧倒的にシュトイバーが有利と見られる選挙が覆ったのは、洪水と戦争のためである。

その年の夏にエルベ川の洪水が起き、シュレーダーは迅速に現地に視察に訪れたが、夏休み中だったシュトイバーは現地に入るのが遅れ不評を買った。

決定的だったのは、おりからの米国ジョージ・W・ブッシュ（1946年生まれ）政権によるイラク攻撃への動きに対し、シュレーダーが不支持を表明したことである。米国の単独行動的な武力行使はドイツ人に一般的に不人気だったが、シュレーダーは特に旧東ドイツで根強い反米感情に訴えることに成功した。一方、親米協調を外交の基軸とするCDU・CSUは難しい立場にたたされた。このあたりの振る舞い方は、メルケル以上に権力への嗅覚が鋭いシュレーダーならではの巧みさだった。

選挙での敗北を受けすぐさま、メルケルはメルツに代わり議員団長に就いた。メルツは抵抗したが、思い通りの政治を行うには、議員たちを支配下に収める必要を感じていたメルケルは断行した。新たに選出されたCDU連邦議会議員の3分の1が初当選の議員で、彼らの支持がものを言った。メルケルは選挙前から新人候補の面倒をよく見たが、それは当選後に自分への支持を固めようという意図もあった。

第２次シュレーダー政権にとって最大の政策課題は、「ヨーロッパの病人」と評された停滞するドイツ経済をどう改革するか、とりわけ４００万人以上に上る失業問題の解決だった。ドイツはまた、財政赤字を国内総生産（ＧＤＰ）の３％以内にとどめるという、ユーロ圏諸国が順守を義務づけられた財政安定成長協定に、２００３年から３年連続で違反することになる。

２００３年３月14日、シュレーダー政権は、失業手当削減や職業再教育の充実などを通じて失業者減を目指す、包括的な労働市場改革案「アゲンダ（英語でアジェンダ）２０１０」を発表した。これに対し、労働組合は新自由主義的で、弱者切り捨ての政策として強く反発した。２００３年11月にはベルリンで10万人規模の反対デモが起きた。

２００４年になっても、「月曜デモ」などドイツ各地で改革反対の運動は止まなかった。シュレーダーは「アゲンダ２０１０」を４つの法案に分けて、約１年かけて国会を通したものの、失業問題は一向に改善の兆候を見せなかった。

一般的に構造改革に即効性はない。この時も「アゲンダ２０１０」が現実の効果を生むのは、政権交代後のメルケル政権時となる。

7月には、SPDの構造改革路線に反発し、離党した左派党員を中心に「選挙オルタナティヴ・雇用と社会的公正」(WASG)が結成された。

中道左派で元来は「大きな政府」路線を取るはずのシュレーダー政権が、構造改革を推進する以上、メルケルとしてもより積極的な改革路線を掲げざるを得ない。

メルケルは議員団長に就いてから、競争や自己責任の考え方を基本にして、市場経済重視の新自由主義に傾斜した。2003年12月1、2日のライプチヒでのCDU党大会は、社会保障制度に関して根本的な見直しと、3段階の税制の簡素化を打ち出した。メルケルが最も「小さな政府」路線に接近したのは、この頃である。

しかし、伝統的に社会政策を重視するCSUの有力者ホルスト・ゼーホーファー(1949年生まれ、2008年からバイエルン州首相、CSU党首)は、特に医療保険制度改革に関して、CDUが保険料を給与水準に応じてではなく、一律に徴収する改革を決めたことを激しく批判した。こうした内部抗争はシュレーダー政権を利するばかりだった。

◇イラク戦争反対を批判

当時、外交上の最大の問題は、米国が準備を進めるイラク戦争への対応だった。2003

年３月20日のイラク戦争開戦前の２月、メルケルは訪米した。それ以前からメルケルは、イラクへの武力行使に反対するシュレーダーに対する批判を強めていた。シュレーダーの姿勢は、米‐ヨーロッパ間やヨーロッパ内の分裂を進め、イラクに対する圧力を弱める。それによって戦争の可能性をむしろ高めている、という主張だった。

メルケルは訪米の直前に、米ワシントンポスト紙に「シュレーダーは全てのドイツ人を代弁していない」と題する論文を寄稿した。その中でも、単独行動を取ってはいけないというドイツ政治の最も重要な教訓を、シュレーダーは、選挙戦術のために無視している、と批判した。

これに対してSPDは、メルケルの記事は外国において自国の外交を公然と批判することは差し控えるという慣例を破った上、米国に対してへりくだっている、などと反論した。

この時のメルケルの姿勢は、その後も折に触れて問題にされる。その背景には、イラク戦争後の中東地域の混乱、さらにドイツ国内に根強い反米感情がある。

しかし、メルケルは今日に至るまで、米国が開戦理由の一つとしたイラクの大量破壊兵器が発見されなかったことについて沈黙を守り、米国がイラク民主化に関して甘い見通しを持っていたことにも批判的なことは口にしない。

2016年7月28日、夏休み前に行われる定例の記者会見でもメルケルは、「私はイラク戦争を支持したわけではない。ヨーロッパが米国と共通の立場にたてなかったのが腹立たしかった。ヨーロッパができることはもっとあっただろう」と述べ、米-ヨーロッパの分裂がなければ、イラクが圧力に屈し戦争もなかっただろう、という考えを示唆している。

同時にメルケルはワシントンポスト論文で、独裁者に対処する最後の手段としての軍事力を排除してはならない、という考え方も強調している。

メルケルはその考えの根拠を、ドイツの歴史とコソボ紛争での経験に求めている。ナチ・ドイツのズデーテン地方併合を容認したミュンヘン協定(1938年)は誤った宥和政策であったし、コソボ紛争でもNATOが武力行使(1999年)に踏み切ったことで、スロボダン・ミロシェビッチ(1941年~2006年)によるイスラム教徒の大量殺戮を防ぐことができたと考えている。

日本で平和主義というといっさいの武力行使を否定するいわば「絶対的平和主義」だが、ドイツは緑の党も含めて、ナチによるホロコースト(ユダヤ人大量殺戮)に代表されるジェノサイド(民族大量殺戮)のような事態を防ぐためなら武力行使もためらうべきではない、という「人道的平和主義」が優勢である。その点でメルケルの考え方はドイツ国内で特別なわけではない。

ただ、この頃のメルケルが、米国との良好な関係の維持に腐心していたことは、序章で述べたように、トランプとの極めてよそよそしい関係を考えた時に興味深い。ブッシュとトランプの政治家としての違いは言うまでもないが、この頃は、メルケルが東ドイツ体制下で育んだ、自由の国米国の残像が、まだ強く心の中に残っていたのかもしれない。

◇「アンゲラ・マキャベリ」

２００４年前半は、５月23日に行われる大統領選挙の候補者選びが焦点の一つとなった。ここで見せたメルケルの手腕は、政治行動の傑作とすら評価された。政治家として成長したメルケルの姿を印象づけた出来事だった。

ドイツ大統領の任期は5年で、連邦議会議員と、それと同数の各州代表で構成する「連邦集会」で選出される。大統領は政治的な実権をほとんど持たず中立的な立場だが、議会が決めた法案を拒否する権限がある。また、その発言はやはり政治的な意味を帯びる。

選出の過程では、特に次の連邦議会選挙をにらんでどの党と協同候補をたてるかなど、各党とも政治的な思惑を巡らして行動する。

シュトイバー（前出）は早くから大統領に就きたい希望を持っており、シュトイバーをはじめＣＤＵ・ＣＳＵの主要政治家の多くはショイブレを支持した。一方メルケルは、ＦＤＰの希望を受け入れ、国際通貨基金（ＩＭＦ）専務理事のホルスト・ケーラー（１９４３年生まれ）を推すことを考えていた。ＦＤＰに恩を売れば、将来の連立や首相選出の際に協力を得られると踏んでいた。ショイブレはヤミ献金疑惑の際、議会で献金受け取りの事実を否定した発言をしたことがあり、大統領としての完全な信頼を得られないと見ていた。

メルケルは、３月２日にＦＤＰ党首のヴェスターヴェレ、ＣＳＵ党首のシュトイバーと３者会談を行い、シュトイバーといっしょにショイブレを候補に推したが、ヴェスターヴェレは拒否した。しかし、それはメルケルにとって悪くないことだった。

３月３日夜に候補を決めるＣＤＵ幹部会が開かれ、幹部の中でもショイブレを推す者と、それに慎重なメルケルを支持する者との間で激論になった。メルケルにとっては、もしショイブレが大統領になればＦＤＰとの協調が難しくなるし、党内メルケル反対派の勝利を意味する。結局、ショイブレを推す幹部は少なくなり、ショイブレは会議を途中で退出した。

幹部会はＦＤＰ、ＣＳＵと交渉するために、３人の候補者リストを決めた。リストの筆頭は元環境相のクラウス・テプファー（前出）、２番目がバーデン・ヴュルテンベルク州教育相（女性）のアンネッテ・シャヴァン（１９５５年生まれ。後に連邦教育相）、３番目がケーラーだった。

決め手はシュトイバーの意向だった。テプファーの政治姿勢はシュトイバーにとって環境重視過ぎた。メルケルはシャヴァンを推しているように振る舞い、巧みにシュトイバーを、ケーラーを候補とする方向へと導いた。

この大統領候補選定では、ショイブレに対する扱いが冷酷という批判もあり、メディアでは「アンゲラ・マキャベリ」との呼称も登場した。

ただ、概して言えば、メルケルは関係者の意向を調整しながら自分の意思を貫き、その政治的手腕が高く評価された。「連邦集会」では、どの候補も過半数に達しない時は３回まで投票を行うが、ケーラーの場合は１回目で過半数に達した。

また、それ以前の大統領のほとんどが、政治家として高い地位に就いた人物だったのとは違い、ケーラーは元財務官僚であり、ＩＭＦ専務理事というグローバル化した世界の先端で仕事をしていた専門家だった。あたかも引退した政治家が就くような印象があった大統領職に新しい風を吹き込んだ。

何よりも、メルケルはこの選出の過程で、党内のライバルだったショイブレを完全に追い抜くことができたのである。

◇権力の頂点へ

２００５年5月に人口、経済規模でドイツ最大州のノルトライン・ヴェストファーレン州議会選挙でＳＰＤが大敗し、参議院での多数を失った。また、失業者数が５００万人に達するという事態を受けて、このままではＣＤＵ・ＣＳＵの勢いが増すと判断したシュレーダーは7月、総選挙をほぼ1年前倒しにすることを表明した。ドイツでは首相に解散権はないので、内閣信任案を与党に否決させるという込み入った方法で、連邦議会を解散した。

同州議会でのＳＰＤ敗北を受けて、シュレーダー政権で財務相も務めた有力者オスカー・ラフォンテーヌ（１９４３年生まれ）は、新党ＷＡＳＧ（前出）に入党した。ＷＡＳＧは旧東ドイツ社会主義統一党（ＳＥＤ）の後身である民主社会党（ＰＤＳ）との協力関係を強化した。ＳＰＤは党勢を大きく削がれることになった。

一方、ＣＤＵ・ＣＳＵでは早急に首相候補を選ぶ必要があったが、すでに党首と議員団長を兼務しているメルケルを首相候補にすることに、反対はほとんど出なかった。

ＳＰＤの分裂もあり、圧倒的にＣＤＵ・ＣＳＵに有利と思われていた選挙戦だったが、メルケルの「小さな政府」路線も有権者には不人気だった。

特に選挙チームの一員となり、政権奪取の際に財務相に就任することが想定されていたパウル・キルヒホーフ元憲法裁判所判事（１９４３年生まれ）は、「キルヒホーフモデル」と呼ばれる15％の定額所得税税制を提案していた。これは、ＳＰＤ、緑の党に、弱者への負担が大きくなるという批判を行う余地を与えた。

１か月前まで世論調査ではＣＤＵ・ＣＳＵがＳＰＤを大きく上回っていたのに、選挙戦終盤になって与党側の猛追を許したのは、メルケルの戦術的失敗だった。

２００５年９月18日に投開票が行われた第16回連邦議会選挙の結果は、ＣＤＵ・ＣＳＵ２２６議席、ＳＰＤ２２２議席と、わずか４議席を上回る議席しか獲得できなかった。

西ドイツ以来、連邦議会選挙で、ある政党が単独過半数を取ったのは、１９５７年総選挙のＣＤＵ・ＣＳＵだけである。単独過半数であるにもかかわらず、この時も選挙協力をしていたドイツ党（ＤＰ）と連立政権を組んだ。それ以外は単独過半数を取ったケースはなく、その後多党化が進み、ドイツ政治において単独政権はありえない政治形態になっていった。

ＷＡＳＧとＰＤＳの政党連合は８・７％を獲得し、２００７年６月、正式に左派党として発足した。ただ、左派党は、州議会では与党に参加したが、国政レベルではどの党からも連立相手から排除されている。

政権のあり方は連立協議に委ねられるが、2005年選挙では、CDU・CSU＋FDPという中道右派、SPD＋緑の党という中道左派、いずれの組み合わせも過半数に達しなかった。3党による連立協議も試みられたが失敗した。結局、CDU・CSUとSPDという、左右両党によるいわゆる大連立しか選択肢として残らなかった。

シュレーダーが首相の座に固執し、CDU・CSUとSPDのどちらが首相を出すか、閣僚の分配などで連立協議は難航し、選挙から2か月以上が経過した2005年11月22日、メルケルを首班とする政権がようやく発足した。

メルケルにとっては人生最良の日だったと言ってよいのだろう。本格的に政治の世界に入ってからわずか15年で、メルケルは最高権力者の地位に上り詰めた。

第5章

危機管理首相〈第1次政権〉

2005-2009

西暦年	メルケル関連	ドイツの出来事	国際社会の出来事
2005年	12月、欧州連合（EU）理事会で外交手腕を発揮。		
2006年		6～7月、ドイツでサッカー・ワールドカップが開催。	
2007年	6月、ハイリゲンダム・サミットの議長を務める。 9月、ダライ・ラマ14世と首相府で会談。		
2008年	7月、北海道洞爺湖サミット出席のため来日。		8月、ロシアがジョージアに侵攻。 9月、米国の証券会社リーマン・ブラザーズが経営破綻。世界金融危機が本格化。 10月、英国、ドイツ、フランス、イタリアの4か国首脳による金融危機対応緊急会合開催。
2009年		6月、基本法（憲法）を改正。国、州とも均衡財政を義務化。	1月、米オバマ大統領誕生。

メルケルの伝記を著したコルネリウス（前出）は、「危機は彼女にとって良いことであった。危機がなければ、彼女の首相としての政治は極めて限定された重要性しか持た

なかったかもしれない」と書いている。

２００５年11月22日に首相に就任してから、第１次政権４年間のメルケルの事績を振り返ると、２００８年９月に本格化した世界金融危機への対応で危機管理能力の高さを示したことが、彼女の評価を固めることになった。

状況に適応する中で、メルケルは野党時代の「小さな政府」路線を修正し、政府の役割を重視する方向にかじを切り直した。外交でも当初、人権外交の理念を掲げたが、ロシアや中国との摩擦を招くに至って現実路線に修正を余儀なくされる。

◇社民化するCDU

２００８年秋からの世界金融危機を経た２０１８年現在の時点から振り返れば、２０００年代前半の世界が、我先に構造改革の先陣争いをしていたことが嘘のように感じられる。日本でも小泉純一郎内閣が、「聖域なき構造改革」「官から民へ」のスローガンを掲げ、郵政民営化や道路公団民営化を行ったのは、この時期である。

しかし、ドイツでは歴史的に、経済は国家の管理の下にあるという考え方が支配的だったし、現在も国民は市場経済重視を敬遠する。2005年総選挙で、投票日1か月前までは圧勝が予想されたキリスト教民主・社会同盟（CDU・CSU）が僅差での勝利となったことは、「小さい政府」路線が、国民の間ではいかに不人気であるかを改めて浮き彫りにした。

CDUの内政を理解するためには、二つの対立軸で見ると分かりやすい。

一つは経済政策面で、市場重視か福祉拡充か、つまり「小さな政府」か「大きな政府」か、の軸であり、もう一つは社会政策面で、キリスト教的価値かリベラルな価値か、の軸である。

経済政策面でメルケルは、すでに選挙での苦戦を通じて、「小さな政府」路線が受け入れられないことを痛感していた。また、2008年の世界的金融危機では、ドイツを含め先進諸国は、財政出動で経済の下支えを行わざるを得なくなる。

さらに、家族政策を中心とする社会政策面でも、それまでのCDUの方針を明白に転換した。メルケルは、CDUが依拠してきた保守層を固めるだけでは政権を獲得するだけの支持を得られず、女性や若年層に支持層を広げる必要を痛感していた。また彼女自身、CDUの主流から見れば、リベラルな結婚観や家族観を持っていた。

メルケルが家族相に抜擢したウルズラ・フォン・デア・ライエン（1958年生まれ）が、

父親の育児休暇取得を促進する意味も持つ両親手当の導入や、全日制の保育園の増設計画を進めた。保育園の増設は計画通りに進展しなかったが、メルケル政権を特徴付ける政策の一つとなった。党内保守派やカトリック教会は新しい家族政策に反対したが、ドイツでも家族の多様化という現実が先行しており、男性の稼ぎ手を前提とした家族モデルから、共稼ぎ家族を前提とする支援政策に転換していった。

経済政策、社会政策の両面で、立場によって呼び方は違うが、ＣＤＵの「現代化」「中道化」「左傾化」、あるいは「社会民主主義化」と呼ばれる傾向がその後も続くことになる。

◇外交手腕で好スタート

メルケルは就任翌日の11月23日、パリに飛び、フランス大統領のジャック・シラク（１９３２年生まれ、大統領在任１９９５～２００７年）と会談し、ヨーロッパ重視とフランスとの連帯を踏襲することを示した。次いでポーランドや米国を訪問し、シュレーダー政権時代に悪化した関係の仕切り直しを行った。

その頃、欧州連合（ＥＵ）予算に関して、フランス大統領のシラクは、英国の特権として認められて来たＥＵ分担金の払い戻しの減額を要求していた。これに対し、イギリス首相のトニー・ブレア（1953年生まれ、首相在任1997〜2007年）は、フランスが最大の受益者だった農業補助金の減額を主張し、両首脳間の関係は険悪化していた。

12月17日、ブリュッセルで開かれた欧州連合（EU）理事会で、メルケルは両者の仲介役となり、EU中間財政枠組み（2007〜2013年）に関して、払い戻し金の減額や農業予算の見直し行うことで英仏首脳間の妥協を実現した。

首相就任からまだ1か月もたっていないのにもかかわらず、この多国間外交での活躍は、当時のヨーロッパ各国のメディアに賛嘆の念を持って受け止められた。

こうした外交はドイツ国民のメルケルに対するイメージを良くするのに役立った。2006年前半の世論調査で、首相の仕事ぶりを評価するという回答が70％以上になったこともある。

内政では、財政赤字解消に向けた付加価値税率の引き上げという税制改革で好スタートを切った。

そもそも、政権発足前の連立協定で、付加価値税率の3％（16％→19％）引き上げは決まっていた。前述のようにドイツは、財政赤字の抑制をユーロ圏諸国に義務づけた財政安定成長協定に違反しており、その状況の解消は、待ったなしの課題だった。

税制改革法案は、２００６年5月に連邦議会（下院）で、6月に参議院（上院）で可決された。増税の実施は２００７年からだったが、好調な景気もあってドイツの政府財政は急速に改善し、２００６年上半期には統一後初めて財政黒字（多額の税外収入があった２０００年下半期を除く）を達成した。こうした状況から、増税に対しても国民からは大きな反対は起きなかった。

この付加価値税率の引き上げ成功は、政治の幅広いコンセンサス形成を可能とする大連立政権の長所として語られることが多い。

シュレーダー前政権の構造改革路線「アゲンダ２０１０」の効果が、この頃になって現れてきたことも幸いした。２００５年春には５２５万人に達した失業者数は、メルケルが政権に就いて以降、低下し始め、２００６年は通年で４４９万人、２００７年は３７６万人まで減少した。

◇社会保障制度改革で難航

しかし、２００６年後半になり、構造改革のいわば本丸である社会保障制度改革に着手すると、世論を背景に労組や社民党（ＳＰＤ）、さらにＣＤＵ・ＣＳＵの社会的公正を重視するグループが抵抗勢力として反発を強めた。

メルケルの指導力を占う最大の試金石とも言われたのが医療保険改革だった。ドイツも日本と事情は同じで、少子高齢化を背景にふくれあがる医療保険財政の改革を迫られていた。

ＣＤＵ・ＣＳＵは患者負担を増やすことで保険料を抑えると同時に、雇用者の負担も下げ、また、保険料を一律にして合理化を図ることを主張していた。これに対し、ＳＰＤは公的保険への加入を免除されてきた経営者、公務員などが加入する民間保険を公的保険に取り込むことで、保険料を抑えることを考えていた。

制度の合理化を志向するＣＤＵ・ＣＳＵと、公正を志向するＳＰＤの立場の違いが、医療保険改革でもぶつかったと言える。

妥協の産物として、被保険者と企業が支払う一律の保険料と政府が支出する公的資金をいったんプールし、そこから加入者の人数に応じて、疾病金庫（日本の健康保険組合）に資金を分配する「健康基金」が創設された。

公的保険と民間保険の統合は実現しなかったが、公的保険に関しては、加入者に低所得者や高齢者が多いため条件の悪い疾病金庫と、条件のよい疾病金庫の格差を縮める意味はあった。各疾病金庫の収入は加入者数に応じて決まるという意味で同条件にされたので、支出を抑えることによってしか財政の健全性を保てず、合理化が促される。

政権発足以来、この「健康基金」設立にこぎつけるまで1年近くかかった。首相府を舞台に深夜まで続く連立与党間協議が、しばしばニュースとなった。

ドイツの政党や政治家への支持率の特徴として、政党内の派閥や連立与党間の抗争が長期化するとてきめんに低下することが挙げられる。医療保険改革の難航などからメルケルの指導力不足が指摘され、２００６年10月のドイツ第2テレビ（ＺＤＦ）の世論調査によると、ＣＤＵ・ＣＳＵの支持率は33％とドイツ統一後の最低にまで落ち込んだ。

この時は、政権発足当初とは裏腹に、大連立の負の側面が出てきたと言える。シュピーゲル誌（２００６年10月30日号）は「議会の４分の３の議席を持つにもかかわらず、両党の力は加算されるのではなく、相殺されている」と書いた。メルケルには、こうした状況で特に必要とされる「説得力」に欠けており、このままでは「戦後歴代首相の中で最も弱体だった」クルト・キージンガー（１９０４～１９８８年）が率いた第1回目の大連立政権（１９６６～１９６９年）のように「過渡期的な政権」になる、といった警告すらあった。

◇白亜のリゾートホテルでG8

メルケルへの評価にかげりが見え始めた状況を打開したのが、やはり外交での活躍だった。ドイツは2007年前半、主要国首脳会議（サミット、G8）とEUの議長国をともに務めたが、こうした多国間外交の場で見せた調整能力が、メルケルの政治手腕への信頼を固めていくことになる。

ハイリゲンダム・サミットは2007年6月6～8日の日程で開かれた。ハイリゲンダムは旧東ドイツ、メクレンブルク・フォアポンメルン州のバルト海に面した保養地である。1796年に開かれたドイツ最古の海辺の保養地と言われ、第2次世界大戦前まではヨーロッパの上流階級の人々で賑わった。

古典様式の白亜の建物が並ぶホテルの他は、近くに小規模な集落があるだけの落ち着いた環境にある。東ドイツ時代、これらの建物は「勤労者のための療養所」となっていたが、統一後は投資グループによって買い取られ、2003年に森と砂浜に囲まれた高級ホテルとなった。

サミットの会議場には登録した写真記者しか行けない。いわゆる「ペン」である取材記者は、ハイリゲンダムから約7キロ西方、バルト海沿岸の保養地であるキュールングスボルンの国際プレスセンターが取材拠点となる。ここで時々開かれる各国外交団のブリーフィングを聞いたり、会場を映すモニターを見ながら原稿を書くのである。サミット会場と国際プレスセンターの間は、「モリ」と呼ばれる蒸気機関車の軽便鉄道でしか基本的には移動できない。サミット終了後、メルケル本人の記者会見は、ハイリゲンダムのサミット会場に隣接した別のプレスセンターで行われた。

私も蒸気機関車に乗り15分かけてハイリゲンダムに着き、記者会見に参加した。私は、G8がG9になる可能性があるかどうか、質問した。当時、中国をサミットのメンバーに加えるべきかどうか、議論があったからである。

メルケルは、「ハイリゲンダムプロセスを決めたので、その点は話し合わなかった。このプロセスはG8と5か国（O5＝ブラジル、中国、インド、南アフリカ、メキシコのアウトリーチ〈新興〉5か国）の間で、緊密化した制度化した協力を進める。もし5か国から1か国を取り出して、G9＋4か国としたら混乱を招くだけだ。それはいい考えとは思わない」と回答した。

その後、ロシアが追放されてG7に戻り、さらにG20が制度化されたので、G8をG9にするか否かはもはや議論の対象ではなくなった。

日本記者団の宿泊先で、日本外務省プレスセンターがあったネプチューン・ホテルは、ハイリゲンダムからは、国際プレスセンターとは逆方向の東に約20キロのヴァルネミュンデにあった。国際プレスセンターと同ホテルの間は、タクシーで約1時間の距離だった。

ややこしい話だが、警備上の問題からサミット会場とプレスセンターは離れた距離に設置して、会場の取材は限られた代表者だけに限る、というやり方が一般的になっている。このサミットでも大勢の反グローバルリズムを掲げる活動家が会場周辺に集結し、モリ鉄道の運行を妨害したりして、警察隊と小競り合いを繰り返した。

サミットの主要議題の一つとしてメルケルが設定したのが、地球温暖化対策だった。環境相の経験があるメルケルは、熱意をもってサミットの中心テーマに据え、着々と布石を打った。サミットでは、ホテルのバルコニーで欧米の首脳とビールを飲みながら歓談する場を作り、話の輪をリードした。

ちなみにメルケルは英語も達者である。2014年2月にロンドンで上下両議員を前に英語で簡単なスピーチをした映像がユーチューブにあるが、英国風の発音で、かなりの能力があることを窺わせる。女王エリザベス2世に面会して英語で挨拶を交わす映像もBBCが流していた。

当初、米国の抵抗が予想され、合意は難しいと見られていた。しかし、「２０５０年までに世界全体の温室効果ガスの排出量を少なくとも半減することを真剣に検討すること」という文言で、米大統領ブッシュも含め会議の合意が得られた。メルケルが就任以来、米国との関係修復に努めたことも効果を発揮した。

７日午後、サミットの終了が近くなり、私は国際プレスセンターのテレビのモニター画面を見つめていた。サミット会場の中庭に緑色のスーツ姿で現れたメルケルの表情は晴れやかだった。「地球温暖化問題での合意に達した。これは、とても、とても本質的かつ重要な合意だ」などと語り、満足の表情を浮かべた。

◇人権外交の旗を掲げる

価値外交、すなわち、民主主義、自由、法の支配といった、いわゆる西側世界の価値、とりわけ人権の普及を掲げてスタートしたのがメルケル外交の特徴の一つだった。連立協定では、「組織的な人権侵害は、平和と国際安全保障の脅威になりうる。諸人権は不可分である。我々の外交、開発政策は、民主主義、自由、法の支配、少数者の権利が危険にさらされたときには黙っていない」などと、人権を平和、安全保障政策の重要な柱とすることが明示された。

こうした外交における価値の問題は、外交の相手が異質な価値体系を持ち、しかも国益にとっても欠かすことができない国の場合は、緊張を孕《はら》んだ関係に至る。ドイツにとってそれに当たるのが、とりわけロシアと中国である。

連立協定では、対ロシア外交に関して、「目的は繁栄するロシアであり、また、ヨーロッパに義務づけられている諸価値に沿い、ロシアの伝統にも配慮しながら、安定した民主主義への変化を完遂するロシアである」としている。

2006年1月の最初のロシア訪問で大統領のプーチンと会談した際、メルケルはロシア国内のメディア、野党、人権活動家への抑圧政策を批判した。共同記者会見でもそれを指摘することをためらわなかった。

前任者のシュレーダーとの違いを際立たせる狙いもあった。シュレーダーは対ロシア、対中外交において、人権問題をあえて取り上げることはしなかった。

メルケルとシュレーダーは多くの点で対称的な政治家である。

シュレーダーは、権力欲を隠そうとはせず、3回の離婚と4回の結婚を重ねたことからもわかるように、倫理的な人間とは言えない。彼の回想録では、ある国に対して、国外から人権や民主的発展を要求することの効果に懐疑的な見方を示している。

メルケルとプーチンは水と油の関係だが、シュレーダーとプーチンはともに権力への強い志向を持ち、ウマが合う関係である。シュレーダーがプーチンを「正真正銘の民主主義者」と呼んで親近感を隠そうとしなかったのはよく知られる。

両人の協力で実現した大きなプロジェクトとして、バルト海の海底ガスパイプライン「ノルトストリーム」敷設がある。これによって第三国を通さずに、ドイツはロシアから直接天然ガスを入手できるようになった。両人の関係は、シュレーダーが２００５年に首相を退いた後も続き、シュレーダーはパイプラインの事業主体であるロシアの国営石油会社ガスプロムの事実上の子会社「ノルトストリーム」の監査役に就任した。

ＳＰＤの伝統やそのイデオロギーに照らせば、シュレーダーが親ロシア路線に沿った外交を行うことに不自然さはない。アデナウアーにより敷かれた、米国やフランスとの関係を重視するＣＤＵ・ＣＳＵの親西側路線に対して、ＳＰＤは相対的にロシアとの関係を重視し、ブラント政権時代には「東方外交」を行った。

対中関係でもシュレーダーは経済関係を前面に出した。中国国内の人権状況に対する批判を控え、２００３年の中国訪問の際には、天安門事件（１９８９年）以来続いている対中武器禁輸解除に前向きの発言をした。シュレーダーは回想録で、「中国に短期間で法治国家の水準を期待することはできない。制裁ではなくねばり強い対話でのみ、人権侵害をやめさせることができる」と述べている。

他方、シュレーダーはイラク戦争に反対して米国との関係を悪化させ、また親ロシア姿勢は東ヨーロッパ諸国の不信を招いた。ＳＰＤの青年組織時代からの反米主義と親ロシア、親中国の姿勢とは同じメダルの表裏である。

◇プーチンへの悪感情

メルケルのロシアとの関係は深い。それはもともとロシア語という言語や文化的側面に由来するものだった。少女時代、テンプリン近郊のソ連空軍基地に駐屯していたソ連兵に話しかけ、ロシア語の勉強をした。一方、東ドイツ体制下で最もあこがれた国は米国だった。それはもっぱら自由や民主主義といった政治的側面に由来するものだった。

つまり米国に対しては理念的に惹かれているのに対し、ロシアに対しては心情的に惹かれるものの、ロシアの非自由、非民主的な政治的側面、そしてプーチン個人に対しては警戒感を持っている。

シュピーゲル誌などドイツメディアの報道では、メルケルはEU加盟国首脳に対し「プーチンは信用できない」と発言し、米大統領のバラク・オバマ（1961年生まれ）には「プーチンは別の世界に住む人間」などと語ったという。

2007年5月、ハイリゲンダムサミットを前に、メルケルはロシアの都市サマラでプーチンと会談した。その記者会見の場で、メルケルはロシアにおける平和的デモの参加者やジャーナリストの拘束を批判し、それに対してプーチンが「サミットに際し、ドイツも予防拘禁を行っている」などと反論するなど、険悪な雰囲気になった。

私は、CDUの連邦議会議員で、外務省の「ドイツ - ロシア社会間協力調整官」を務めていたアンドレアス・ショッケンホフ（1957〜2014年）に2009年7月、ベルリンの議員会館の部屋で両国関係について話を聞く機会があった。彼は「サマラ首脳会談は対ロシア関係のどん底だった。この会談をきっかけに、メルケルもロシアを外から変えることはほとんど不可能と認識した」との見方を示した。

メルケル第1次政権の外相が、SPDのフランク＝ヴァルター・シュタインマイヤー（1956年生まれ）だったことは、対ロシア外交を複雑化した。彼はシュレーダーの側近として頭角を現した人物であり、対ロシア外交に関しても、シュレーダーの立場を引き継いだ。

２００６年夏にシュタインマイヤーが主導し、ドイツ外務省がまとめた東方外交戦略に関する内部文書がある。そこでは、ロシアを積極的にヨーロッパの意思決定に取り込むことが打ち出されていた。

しかしそれは、ロシアの人権問題に対する批判を鈍らせることになりかねない。メルケルはこの「新東方外交」には懐疑的だった。シュタインマイヤーは、ＮＡＴＯ、ＥＵの東方拡大を脅威と認識するロシアの立場に理解を示したが、メルケルは、ポーランド、バルト３国の対ロシア脅威認識の方を重視した。

プーチンの振る舞いも陰湿である。プーチンはメルケルの犬恐怖症を利用して威圧し、外交交渉を有利に運ぼうとした、と見られている。

メルケルは１９９５年８月、故郷テンプリンが位置するブランデンブルク州ウッカーマルク地方にある別荘（週末を過ごすいわゆるダーチャ）の近くで、犬にかまれた経験がある。メルケルが自転車で走っている時、猟犬が近くの

ソチ会談。左がプーチンの愛犬「コニー」（2007年１月撮影。Kremlin.ru）

庭から出てきて彼女のひざにかみついた。地元紙は「環境相が犬にかまれた」と報じた。幼少時に犬にかまれた、と書いてある伝記もあるが、この時の出来事と取り違えているのか、あるいは犬にかまれやすい人なのだろうか。

２００６年、メルケルがモスクワのクレムリンを最初に訪れた時、プーチンは愛犬である大型犬ブラックラブラドールの「コニー」を連れて面会した。また、メルケルにプードル犬の子犬を贈っている。

２００７年1月、ソチ会談の際には、会談の途中で会場にコニーが入ってきて、メルケルの足元に座った。彼女はできるだけ平静を装ったが、このことを忘れなかったし、許さなかった、という。

もっともプーチンは、メルケルは犬が好きだろうと思って、いつものように連れてきただけ、と２０１６年1月、大衆紙ビルトに語っている。

◇西側に背を向けるプーチン

ボリス・エリツィン（１９３１〜２００７年、大統領在任１９９１〜１９９９年）の時代のロシアは、国内は大きく混乱していたが、西側世界にはロシアに対する自由民主主義化への期待が残っていた。

ブッシュ米政権によるミサイル防衛システムのヨーロッパ配備が決定的となり、西側への考え方を変えたのか、あるいはプーチンの世界観はそもそも一貫して変わらないのか。恐らく後者だと思われるが、プーチンが２００７年2月、「ミュンヘン安全保障会議」で行った演説は、楽観主義の時代の終焉を画するものだった。

毎年この時期、安全保障関係者が数百人集まり、ドイツ南部ミュンヘンの高級ホテル「バイエリッシャーホーフ」で開かれているこの会議に、プーチンはゲストとして招かれた。この会議は毎年、目玉となるゲストを招待するが、この年はプーチンだった。

プーチンは、「ヨーロッパに新しい分断ラインが引かれようとしている。（ＮＡＴＯ拡大で）ブルガリア、ルーマニアにも米国の前進基地が作られている」「冷戦時代の米ソの兵力バランスが世界の安定をもたらした。米国の一極支配は不可能であるし、望ましくもない」などと激しい口調で西側世界を非難した。

プーチンにとって安全保障とは、国家の軍事力を基礎に置くバランス・オブ・パワーをおいて他にはないことを、この発言は物語っていた。プーチンが西側のリベラルな国際秩序とは全く異質の勢力圏的思想（24ページで前述）の国際観を持っていることを宣言した、西側世界とのある種の決別表明だった。

プーチンは１９９９年８月、エリツィン大統領の時、第１副首相、間を置かず首相に任命された。その後、２０００年３月大統領に当選し、２００４年に再選された。

プーチンは２００８年５月、２期８年の任期を終え、代わってドミートリー・メドベージェフ（１９６５年生まれ）が大統領に当選した。プーチンは首相となり「双頭体制」となった。

メドベージェフは、政府機構（institution）、インフラ（infrastructure）、イノベーション（innovation）、投資（investment）の英語の頭文字をとった「４つのＩ」のスローガンを掲げた。これらの分野の改革を図り、資源輸出に依存したロシア経済の改革を目指す路線だった。メドベージェフは、プーチンより西側の価値観に近づいた政策を進めるのではないか、との観測もあった。

メルケルもメドベージェフが、時間がたつにつれてプーチンの影響下から脱することを期待した。しかし、プーチンが最高権力を握る体制に変化はないまま、２０１２年３月、再度プーチンが大統領に当選し、メドベージェフは首相の座に戻った。

◇対ロシア人権外交の挫折

２００９年7月、ドイツとロシアの意見交換の場である「ペータースブルク対話」がミュンヘンで開かれた。

この「対話」は、シュレーダーとプーチンの間で２００１年に発足に合意し、政府、産業界、シンクタンクなどが出資して、毎年夏に両国で交互に開かれている。議員外交や民間外交を「セカンドトラック」と呼ぶことがあるが、この「対話」では政府間交渉も行われるので、「1・5トラック」と言えるだろうか。

２００９年のミュンヘンでの対話には約２００人が参加し、私も現地で取材したが、ソ連大統領だったゴルバチョフ（前出）や、東ドイツ首相だったデメジエール（前出）、指揮者のヴァレリー・ゲルギエフ（１９５３年生まれ）の姿もあった。

プーチンが２０００年に大統領になってから、体制批判的なジャーナリストの殺害事件が相次いでいた。最もよく知られているのが、２００６年10月のアンナ・ポリトコフスカヤ殺害事件だが、ちょうどこの「対話」開催中にも、人権活動家ナタリヤ・エステミロ殺害事件のニュースが飛び込んできた。

メルケルは演説で、社会や政治において反論や異論を認めることが長い目で見れば発展につながると述べ、この殺害事件の真相解明をロシア当局に求めた。

しかし、ミュンヘンでの対話で比重を占めたのは、経済関係の強化だった。世界はリーマンショック以降の世界金融危機をまだ脱しておらず、会議に参加していた連邦議会議員の一人は、「経済危機を克服するためにドイツとロシアが協力することの重要性が会議の基調だった」と話した。

会議の一環として行われたメルケル‐メドベージェフ会談でも、ドイツ企業の対ロシア輸出に対する５億ユーロの信用保証供与などで合意した。

さらに当時盛んに言われていたのが、イランの核開発など世界の主要な問題を解決するにはロシアの協力が不可欠という議論だった。「対話」の政治部会長を務めていたトーマス・クンツェ（１９６３年生まれ）は、「アフガニスタンでもイラン核問題でも解決のために今やロシアが必要だ。世界の新しい安全保障秩序はロシアと敵対していては構築できないことを米国もヨーロッパも理解し始めている。ドイツもこうした大きな世界の変容の中にある」と話した。

このようにドイツの対ロシア関係は、ロシアの変化への期待が色褪せていくものの、対話の必要性については政治的立場を超えて合意があり、経済関係の強化はドイツ経済にとっても死活的に重要という雰囲気は残っていた。外交当事者の間や経済界には、メルケルの人権外交がドイツの国益を損ねている、という見方が強かったが、メルケルも米国が主張したジョージア（グルジア）やウクライナのＮＡＴＯ加盟に反対するなど、ロシアに対する配慮は残していた。

しかし、ロシアのジョージア侵攻（２００８年８月）を経て、２０１４年３月のクリミア併合、東ウクライナへの軍事介入に至り、西側諸国とロシアとの関係悪化は決定的となった。メルケルは対ロシア制裁に加わり、ロシアはＧ８から追放された。

プーチンは今後、大統領任期６年を２期、つまり２０２４年までは大統領を務めるだろう。ロシア民主化への楽観的見通しはほとんど消滅した。ロシアの変化を導けなかったという意味で、メルケルの人権外交も、シュタインマイヤーの東方外交もともに挫折した。

◇ダライ・ラマ招待と激怒する中国

メルケルは、中国に対しても人権外交を展開した。

２００６年５月の最初の訪中では、メルケルは人権問題を国家主席の胡錦濤《こきんとう》（１９４２年生まれ）との会談などで取り上げたものの、まだ穏健な形だった。

２００７年8月の2回目の訪中では、北京で人権活動家と反体制派のジャーナリストと面会するなど、批判のトーンを上げた。ただ、この段階でもメルケルの発言と行動を中国当局は黙認していた。ドイツの持つ経済的重要性、米国や日本をにらんだ時の世界戦略上の重要性に鑑みて、いわゆる「核心的利益」に触れない限り、いわば「言わせておく」という姿勢だった。

しかし、この状態は、２００７年9月23日、メルケルがチベット仏教最高指導者ダライ・ラマ14世を首相府に迎え、会談を行ったことで終わる。

現職のドイツ首相がダライ・ラマと会談を行うのは初めてだった。過去にはクラウス・キンケル（１９３６年生まれ、ＦＤＰ、１９９２〜１９９８年外相）、ヨシュカ・フィッシャー（１９４８年生まれ、緑の党、１９９８〜２００５年外相）が外相在任時に、またメルケルも野党党首時代に会談したことがあった。

対ロシアと同様に、メルケルが対中人権外交を進めることに、シュタインマイヤー外相は懐疑的であり慎重だった。シュタインマイヤーはダライ・ラマを招待することを思いとどまるように強く助言した。

第1に首相府という場所が問題だった。メルケルは「私的かつ非公式な会談」と位置づけたが、首相府への招待では公的性格を持ってしまう。

第2は訪問発表のタイミングだった。メルケルは数週間前に中国首相の温家宝(1942年生まれ)を訪問し、歓待を受けていたが、その際にはダライ・ラマ招待に言及しなかった。中国側はだまされたと受け取るだろう。

ドイツ政府報道官の発表によると、会談は約1時間行われ、「メルケルはチベットの宗教的、文化的自治を平和的に実現しようとするダライ・ラマの努力に対する支持を確認した」という。中国を刺激するのでは、という質問に対しては、「これまでもチベットの問題については、人権に関する両国間の対話の中で取り上げられている」と答えた。

一般的にドイツ政治では外交は得点になるが、人権を表看板にするような外交はもっと評判がいい。シュピーゲル誌(2007年10月1日号)によると、ダライ・ラマとの会談に対する賛成は82%に達した。

しかし、予想通り中国側の反発は激しかった。会談の予告の段階で、中国政府は在北京ドイツ大使を中国外務省に呼び抗議した。そして、会談の当日には、ミュンヘンで行われる予定だった知的財産権に関する両国政府間の会合を「技術的な理由」でキャンセルした。12月初めに予定されていたペール・シュタインブリュック財務相（１９４７年生まれ）の中国訪問もキャンセルになった。

中国との関係悪化は、２００７年いっぱい続いた。シュタインマイヤー外相は、メルケル外交を大向こうを狙った「ショーウィンドー政治」と名付け、中国の人権状況改善のためにドイツ外交が行っている繊細な努力に水を差すと批判した。

シュタインマイヤーは対中関係の改善に努めた。

最終的には中国の領土保全を確約する一種の「謝罪文書」を中国側に送り、２００８年１月22日、ベルリンでの楊潔篪《ようけつち》外相との会談で、ようやく両国関係の正常化を確認することができた。一方、この文書については、首相府の中に、過剰反応の叩頭外交（不必要にへりくだった外交姿勢）との強い批判があった。

◇対中外交でも人権を貫けず

メルケルが人権をたてに対中外交にのぞむのは、ダライ・ラマとの会談が最後となった。

首相府は引き続きダライ・ラマの代理人たちと接触を保っているというが、２００８年５月にダライ・ラマが再びドイツを訪れた際は、ドイツ政府要人は彼に会おうとしなかった。

メルケルは中国の民主化に関して楽観的な見通しを表明してきた。2010年には北京で中国共産党中央党校の卒業生を前に講演し、「どの民族も、多様性を、危険ではなく人間にとって当然のことと見られる時が来る」と語ったり、その2年後も、教育程度が高くなり、食事をちゃんと取れるようになればなるほど、自由の問題はますます差し迫った課題となるだろう、と語っている。

確かに、その後も中国訪問のたびに人権問題に言及した。2016年6月、南京大学から名誉博士号を授与された際、北京で行ったスピーチでも、国家における法治の重要性を強調した。

しかし、批判の強さは中国との経済関係を損なわない程度にとどめている。2015年の中国訪問に際して、人権団体「ヒューマンライツウォッチ」の活動家は、シュピーゲル誌(電子版)のインタビューに答え、「メルケルは西側の政治家の中では中国の人権問題を必ず取り上げる数少ない人の一人だが、2年前から批判的なトーンが弱まっている」として、当時300人に及ぶ弁護士を拘束する弾圧を行っていた中国政府をきちんと批判すべきだ、と述べている。

ドイツの外交官によると、メルケル、大統領、外相の3人は中国訪問の際、必ず中国の人権活動家に会うことにしている。そのための手配は外務省の仕事であり、中国当局の感触を探りながら、反体制活動家との面会をセットすることが求められる。重要人物に会うと、中国側が反発して対ドイツ関係を険悪化させかねないし、重要でない人物に会ってもインパクトに欠ける。

メルケルは外国訪問をする時、連邦情報庁の専門家を呼び、首相府の専門部局員の前で見解を発表させる。その見解をまとめた書類が手元まで届く。さらに、政府も出資しているベルリンにある研究機関「科学政治財団」（ＳＷＰ、「国際安全保障研究所」と訳されることが多い）が同じ手続きでメルケルに情報を上げる。多様な見方を維持するため、双方とも情報を互いにつきあわせることはしない。

中国訪問に先だっては、人権抑圧や死刑宣告を受けている人々のリストが作成され、人権問題が議論されるが、コルネリウス（前出）によれば、こうした手続きと情報に基づく中国の人権問題に対する批判は、多分に儀式化する危険性がある。そして中国政府も、ドイツからの人権問題に関する指摘は「儀式」として認識しているに過ぎないという。

それどころか、コルネリウスによると、メルケルは温家宝首相とは会談を重ねるうちに信頼関係を築いた。爆発的な成長で揺れている中国を率いるその指導力に、尊敬の念が増していった。温の一族が国家と癒着して巨万の富を蓄えたとのうわさは、中国のどこでも聞こえたが、彼女はそのことにいっさい言及しなかった。

◇リーマンショックを迎え撃つ

２００６年６～７月、サッカー・ワールドカップがドイツで開催された。ベルリンの町中にドイツ国旗があふれた。ナチ・ドイツの過去を持ち、国旗を掲げることもはばかってきたドイツが愛国感情を肯定するようになったと、その様変わりが盛んに報じられた。サッカーファンを公言するメルケルも、サッカー場で応援に加わり、国民へのアピールに余念がなかった。

２００７年になると米国の住宅バブルが崩壊し、世界経済の雲行きが怪しくなってきた。そして、２００８年9月15日の米国の証券会社リーマン・ブラザーズの経営破綻をきっかけに、１００年に一度とも言われた世界金融危機が本格化した。メルケルの政治家としての真の能力が試される時が来たのである。

危機の大波はヨーロッパも容赦なく飲み込んだが、ヨーロッパの危機の度合いは、米国や日本に比べても深刻だった。それは、ヨーロッパ統合やユーロの導入による不可避の結末でもあった。

　ユーロ圏の金融市場の統合進展に伴い、激しい競争にさらされたヨーロッパの金融機関は、より収益の上がるビジネスを求め、米国などの金融機関以上に、高利回りの米サブプライム証券や南ヨーロッパの国債などに投資していた。世界金融危機に直面した西ヨーロッパ、特にドイツの銀行は、こうした高リスクの南ヨーロッパ諸国への投資から資金を一斉に引き上げ、それが２００９年末からのユーロ危機へと発展していく背景にあった。

　２００８年の９月の最終週には、ベルギーの金融機関フォルティスやデクシア、ドイツの不動産金融ヒポ・リアル・エステート等に次々と問題が波及し、メルケルはシュタインブリュック財務相と危機対応に当たることになる。

　すでに２００７年８月にフランス第１位の銀行ＢＮＰパリバ・グループやドイツのＩＫＢ産業銀行でサブプライム危機が発生していた。ＩＫＢ危機に対してドイツ政府は公的資金を投入して金融市場を安定させた。

　ヒポ・リアル・エステートは、ドイツ国内の不動産融資残高で第２位と事態はより深刻だった。国民がパニックになり預金を下ろし始めるような事態になれば、ドイツの金融システムの崩壊を意味することは明らかだった。

国民に安心感を与え、パニックを予防するメルケルの象徴的な振る舞いが、シュタインブリュックとともに２００８年10月５日に行った記者声明だった。

テレビのマイクやカメラマンが待ちかまえる首相府の会見場に、メルケルとシュタインブリュックが現れた。

メルケルは「一金融機関の変調を金融システム全体の変調にするわけにはいかない。そのためにヒポ・リアル・エステートを救済することにした。無責任な営業をした経営者には責任を取ってもらうが、国民の貯蓄は政府が保証するから安全」と明言した。

国民に安心感を与えるためのパフォーマンスではあったが、効果は大きく、パニックの芽を摘んだとして高く評価された。「専門家を除いては注意を払ってこなかった全く新しい役割を担った。首相としての一つの転換点だった」とメルケルは回想している。

当時、助言を与えるためメルケルに頻繁に面会していた実業家で「ドイツ卸売業、海外貿易、サービス業連盟」会長のアントン・ベルナー（１９５４年生まれ）は、メルケルの伝記の著者アラン・クロフォードらに、「彼女は問題解決に向けて科学者の対応を取った。つまり、ねばり強さと、複雑な技術的問題を素早く理解する能力を十分に発揮した……政治家が常にそうというわけではないのだが、メルケル首相は原因と結果の連鎖を非常によく理解することができた。感情を交えずに中長期的なことを考えることができる。事実を基に議論すれば、彼女は大変開かれた姿勢で耳を傾ける。彼女は相手の言うことに論理の矛盾がないか注目しており、それがなければ相手の言うことを受け入れる」と語っている。

メルケルは他方、企業経営者の責任についても公言し、極端に多額な報酬を下げるように求め、経営者の多額報酬問題を検討する作業部会を設置した。当時問題になった高額報酬としては、高級自動車メーカー・ポルシェCEOのヴェンデリン・ヴィーデキング（1952年生まれ）が、2006年に1億ドルの報酬を得ていた例がある。

国家財政を使った金融機関の救済は、世論には評判が悪かったが、メルケルは高額報酬問題への批判をうまく結び合わせることで世論の高い支持を確保した。

◇単独外交の萌芽

西ドイツ時代は「ヨーロッパの金庫番」とも言われ、ナチ・ドイツの歴史に対する贖罪意識から財政負担を担い、ヨーロッパ統合を支えてきたドイツだったが、この姿勢は世代交代もあり徐々に色褪せた。コールはヨーロッパ連邦構想を進めたが、メルケルに至って、ヨーロッパは情熱の対象ではなくなり、冷静に国益を主張することにためらいが少なくなった。

メルケルはヨーロッパの連帯を強調するが、それは欧州委員会という超国家機関の強化によってではなく、首脳の集まりである欧州理事会の強化によってである。つまり、EU統合は主権国家同士の協調、連帯によって進められるべきものである、という考え方だ。

ヨーロッパ政策に関して言えば、メルケルの考えは、かつてコールの後継者と見なされていた西ドイツ政治家ショイブレ（前出）や、多くのSPD、緑の党の政治家よりも現実主義的と言える。ただ、明瞭なヨーロッパ統合の未来像を示さないことが、しばしばメルケルには理念が欠如している、という批判を招くことになる。

さらに、メルケルの金融危機への一連の対応には、他のヨーロッパ諸国の事情を斟酌《しんしゃく》しないドイツの単独外交の傾向が芽生えていた、との指摘もある。

2008年10月4日パリで開かれた英、ドイツ、フランス、イタリアの4か国首脳による金融危機対応緊急会合で、欧州理事会議長だったフランス大統領のサルコジは、3000億ユーロの「ヨーロッパ銀行救済基金」構想を掲げたが、ドイツはこれを拒否した。財務相のシュタインブリュックは「ドイツが管理できない大きなポットに、カネを払い込むことは欲しない」ときわめて率直に国益を主張した。

ドイツがヨーロッパ他国もある程度、納得させるような追加景気対策を打ち出したのは、

2009年1月12日、総額500億ユーロの財政出動を与党で決定した時である。米英のメディアには、この間、ドイツに対する批判的な論調が頻繁に掲載された。

ヘラルドトリビューン紙のジョン・ヴィノキュアは、2008年10月21日付論説でドイツの対応を取り上げ、EUの銀行救済基金構想に背を向け、他国に相談しないまま独自の預金保護を実施した。ドイツの銀行はヨーロッパでも最も問題を抱えていたのに、金融危機には関係がないと言い張り責任を回避した、などと批判した。

フィナンシャルタイムズ紙（2008年12月5日付け）、「ヨーロッパ改革センター」所長チャールズ・グラントの「ドイツの一国主義がヨーロッパの弱化をもたらしている」と題する寄稿も、「ドイツは無意識のうちにだんだんと一国主義的になっている」と指摘した。

◇社会的市場経済と均衡財政

メルケルは野党時代に競争を重視する「小さな政府」路線に傾いたが、政権を担ってからは政府の関与を強める方向に傾いた。「小さな政府」といっても元々、米英（アングロサクソン）流に民間部門の自由放任を認めるのではなく、必要であれば国家が積極的に関与するドイツ流の「社会的市場経済」（Sozialmarktwirtschaft）なので、政府の役割を拡大する柔軟性がある。

メルケル本人も、西ドイツ以来のこの市場重視と政府の関与、自由競争と社会的公正のバランスを取る「社会的市場経済」に依拠して経済政策を進めねばならないと考えている。メルケルはこの考え方こそドイツ経済の成功を導いた、とことあるごとに強調する。

一方でメルケルは、均衡財政にできる限り近づけることが政府への信頼を増し、公債の金利を下げ、長期的には経済成長につながる、と確信している。また、しばしば指摘されるように、ナチ・ドイツを生んだ一因となったヴァイマール時代の超インフレという国民的経験がある。社会的市場経済の考え方に基づく政府の経済への関与には躊躇はないが、均衡財政に関しては原理主義的とも言える信念を持っている。

野党時代のメルケルは、構造改革が求められる時代状況だったこともあり、無駄のないすっきりした政府機能を求めていた。ドイツ人には倹約を美徳とし、借財を嫌う気質があるが、メルケルもその点において典型的なドイツ人である。あるいはそれ以上に北ドイツ的、あるいはプロイセン的な人物である。メルケルの個人的な志向にも「小さな政府」が本来は合っているのだろう。

金融危機に続く２００９年秋からのギリシャ債務問題、ユーロ危機では、メルケルの均衡財政への強いこだわりが裏目に出た。ヨーロッパ諸国や米国からたびたび内需拡大を求められながらも、支出抑制を譲ろうとはしなかった。それどころか、２００９年6月には基本法（憲法）が改正され、連邦（国）、州ともに均衡財政を義務化した。

ただ、均衡財政に関しては、メルケルの考え方が今のドイツで特別なわけではない。ほとんど社会的コンセンサスがあり、今のドイツの一つのイデオロギーと思わせる時がある。

◇効果を発揮した時短労働政策

メルケルの危機対策に話を戻せば、金融機関への公的資金注入の約言に加えて、時短労働を活用する景気、雇用対策も効果を発揮した。

２００９年9月、私は南西部バーデン・ヴュルテンベルク州ロイトリンゲンに本社がある「移転会社マイペガスス」を訪ねた。取締役のライナー・シュヴィレによると、同社が受け入れている５０００人全員が、２００９年2月に施行された追加景気対策に基づく「移転時短」が適用された労働者だった。全国で「移転時短」労働者の数は約20万人という。

「移転時短」とは、経営が苦しくなった企業が労組側と合意の上、余剰人員を「移転会社」に転職させる仕組みで、労働者は政府からそれまでの給与の60〜67％の補助を受けつつ「移転会社」で新技術を身につける。そして、就職先の斡旋も受けながら、1年間を期限に再就職を目指す。「時短（ワークシェアリング）」という名は付いているが、事実上の失業対策だった。

政府にとっては失業者数を抑えるメリットがあり、さらに失業者の再雇用を促進して産業構造の変化に対応する目的もあった。

マイペガスス社の工場に案内されると、工作機械が並ぶ訓練センターで40人が職業訓練を受けていた。旋盤を操っていたクラウス・ディーター（インタビュー時、56歳）に話を聞いた。ひげを蓄えつなぎの作業服を着た、ドイツの労働者階級のイメージそのままの中年男性だった。

ディーターはこの年の5月に自動車部品メーカーを解雇された。「ここで新たな技術を身につけ、なんとか再就職口を見つけたい。収入は減ったが失業手当よりまし」と旋盤を操りながら話した。

景気回復が軌道に乗った2012年3月、私はバーデン・ヴュルテンベルク州オーバーズルムにある産業用デジタルカメラ製造のＩＤＳ社を訪ね、メルケル政権の景気対策への評価を聞いた。

同社は１９９７年創業の若い会社だが、生産ライン監視用カメラで独自技術を持っている。国内の機械産業が好調なことを受け、２０１１年の売上高２６００万ユーロは前年比で約２倍伸びたと、トルステン・ヴィージンガー社長（同41歳）は話した。

製品の点検作業担当のツェツィリア・フォイアアーベント（同48歳）に、金融危機当時の話を聞くと、「２００９年に5か月間、労働時間２割減を受け入れた。給料もその分減り不安も大きかったが、今では良かったと思う」と振り返った。

ヴィージンガーも「従業員74人のうち27人が時短労働を受け入れた。熟練労働者を一人も解雇せずに済んだことが、今の急回復の土台となった」と、世界金融危機当時のメルケルの政策を評価した。

経済学者の多くもメルケル政権の対応に合格点を与えた。

ドイツ経済研究所（ＤＩＷ、ベルリン）のクラウス・ツィマーマン所長（１９５２年生まれ）に２００９年9月8日、インタビューしたところ、世界金融危機の中、失業者数は３４７万人（２００９年8月）、前年同期比で約28万人増と「経済危機の中、驚くほど少ない数字」にとどまっている、と語った。その秘密はこうした時短労働の活用にあった、という。

第1次政権の最後の1年は、金融危機対応に忙殺されたメルケルだったが、早くも政権続投がかかった2009年秋の次回総選挙が迫っていた。

選挙前にメルケルが強調したのが、「大連立政権は国際経済危機の影響を最小限に食い止めた」という成果と、「今後求められるのは危機から脱出し、経済を持続的な成長軌道に乗せる出口戦略」という新政権の目標だった。そのために「中間層への手厚い減税、行政改革などを通じて、経済の活性化を図り成長を実現する。成長を通じて失業問題を解決し、税収増、財政赤字の解消も実現できる」と繰り返した。

そして連立相手として、中間層への手厚い減税など政策の方向性が一致している自由民主党（ＦＤＰ）が望ましいと、新政権の輪郭も明示した。

第6章　ギリシャと原発〈第2次政権〉

2009-2013

西暦年	メルケル関連	ドイツの出来事	国際社会の出来事
2009年	9月、第2次メルケル政権発足。	9月、第17回連邦議会選挙。CDU・CSUとFDPで過半数を確保。	10月、ギリシャで政府債務の粉飾が発覚。ユーロ危機へ。
2010年	9月、原発稼働期間の延長を決める。	2月、ヴェスターヴェレ外相が、ドイツ軍が担当しているアフガン北部地域が「戦争状態」であることを認める。	5月、EU首脳会議などで、ギリシャに対する財政支援計画と欧州金融安定基金発足が決まる。
2011年	5月、2022年までの原発廃棄を決定。		3月11日、東日本大震災。福島第一原発事故。

2009年連邦議会選挙で、キリスト教民主・社会同盟（CDU・CSU）は自由民主党（FDP）と合わせて過半数を獲得し、メルケルは連立相手を社会民主党（SPD）からFDPに替えてさらに4年間政権を担った。

第2次政権では全期間にわたって、ユーロ危機の対応に忙殺された。

メルケルが再選を決めた2009年秋、ギリシャで政府債務の粉飾が明らかにされた。それをきっかけに、ユーロの構造的矛盾が2010年からのユーロ危機として噴出した。ユーロ救済策が不人気をかこち、それに加えてFDPとの連立は予想に反して総じてうまくいかず、政権発足から1年間は支持率の低迷に苦しんだ。

一方、連立を組み替えたことは、シュレーダー政権時代に決めた原子力発電所の廃止スケジュールの見直しを可能とし、2010年10月、稼働期間の延長を決めた。しかし、2011年3月11日の東日本大震災にともなう福島第一原発事故の衝撃により、脱原発路線に逆戻りする。

◇ギリシャ債務問題の発覚

2009年9月27日に投票が行われた第17回連邦議会選挙で多数派を占めたCDU・CSUとFDPは、10月5日から3週間にわたり連立交渉を行い、28日に第2次メルケル政権が発足した。

投票率は70・8％で戦後の総選挙で最低だった。低調な選挙だったが、最大の争点は2008年秋以来の金融危機への対処だった。メルケル政権による緊急対応策は効果を発揮してドイツ経済は崩壊を免れたが、次の段階として経済の正常化、いわゆる出口戦略が問われることになった。

CDU・CSU、FDPが掲げたのが減税による景気刺激策だった。国民の多くは、大連立政権の緊急対策から踏み出した処方箋が必要との審判を下した。しかし、出口戦略に取り組む間もなく、ヨーロッパ、そしてドイツは新たな危機に見舞われる。政権発足の翌2010年初めから本格化するギリシャ債務危機である。

メルケルが首班指名される9日前の2009年10月19日、政権交代したばかりのギリシャで、新首相であるゲオルギオス・パパンドレウ（1952年生まれ）が、それまでの政権の財政赤字が、公表よりはるかに深刻だったことを明らかにした。それを受けて格付け会社が相次いでギリシャ国債の格付けを引き下げた。

ヨーロッパばかりか世界経済をも揺るがした、ユーロ危機の始まりだった。

ギリシャに対する支援が、ドイツの問題として意識され始めたのは2010年3月5日、メルケルとパパンドレウ・ギリシャ首相とのベルリン会談が一つのきっかけだった。

この頃からドイツメディアは、ギリシャの財政危機の背後にはギリシャの高い年金水準や高所得層の脱税の横行などがあると盛んに報道するようになった。大衆紙ビルト（2010年3月4日付）は、パパンドレウ訪問に合わせ、「ギリシャはたくさんある島の一つを売りに出せばいい」と書いて物議を醸した。

しかし、ヨーロッパ統合に計り知れない悪影響を与えるため、ギリシャを財政的に破綻させ、ユーロから離脱させることはできない。ドイツの銀行は総額４３０億ユーロ（約５兆円）にのぼるギリシャ債権を抱えているとされており、ギリシャが債務不履行（デフォルト）の事態になれば、ドイツ経済も深刻な打撃を受ける。

一方、ドイツ人にとってギリシャは同じ通貨圏に属するとはいえ、あくまでも外国であり、同胞を支援する感覚は持ちえない。また、均衡財政を至上命題とするドイツの財政運営の原則からも、ギリシャへの財政支援はもとより、財政支出拡大による内需拡大策で、ヨーロッパ経済を下支えする政策も取りたくない。ギリシャが自力で財政再建を遂げ、金利を下げることが唯一の方法であるという確信が強かった。

こうしたドイツ内外の様々な当事者の利害や思想が絡み合い、身動きのできない状態が続いた。決断までにじっくりと時間を掛ける、メルケルの政治姿勢も裏目に出た。

メルケルと財務相のショイブレ（前出、財務相在任２００９〜２０１７年）が当初、積極的にギリシャ債務問題について発言しなかったのは、市場への悪影響を恐れたから、という見方もある。しかし、国際社会からはドイツのギリシャ支援が「余りに少なく遅すぎ」との批判が強かった。

2010年5月7～9日に開かれた欧州連合（EU）首脳会議などで、ようやくギリシャに対する財政支援計画と欧州金融安定基金（EFSF）発足が決まり、ドイツでもこれらの措置が連邦議会で承認された。

ユーロ危機対応が緒についたが、EU運営条約には、他国の債務を引き受けてはならないとする、いわゆる「非救済条項」がある。それにもかかわらず、ギリシャ支援に踏み切ることの是非は、ドイツ世論の分裂の要因となった。その後連邦議会に諮《はか》られたギリシャ支援法の採決では、与党内からも反対する造反議員が出た。

◇減税をめぐりFDPと確執

もう一つ、政権の支持率低下を招いたのが、連立与党内の確執だった。FDPは選挙公約で掲げた目玉の政策だった大幅な所得減税にこだわった。

減税による成長戦略の最大のネックは財源問題だった。世界金融危機の後遺症で、2010年の一般政府財政赤字は戦後最悪の1300億ユーロ以上に達すると予想されていた。ショイブレ財務相や、減税による財源カットをおそれるCDU・CSUの州首相は、大規模な減税に反対した。

ドイツ経済研究所（ＤＩＷ）所長のツィマーマン（前出）は「赤字が急増しているから数年のうちに増税をしなければならない。新政権の課題は財政赤字を食い止めインフレを抑え込むことだ」と述べて、減税の余地は全くない、と断言していた。

ＦＤＰは２０１０年４月25日に開いた党大会で、それまで２００億ユーロ（約２兆５０００万円）の規模、２０１１年から実施としていた所得減税案を後退させ、１６０億ユーロ、12年実施案を決めた。しかし、それに対してもＣＤＵ・ＣＳＵでは否定的な意見が大勢を占めた。

大きく言えば同じ中道右派の政党として、本来、ＳＰＤよりやりやすい相手だったはずのＦＤＰと組んだメルケルだが、連立与党をまとめきれない状況が続いた。

２０１０年５月９日には、第２次メルケル政権の最初の審判となる、ノルトライン・ヴェストファーレン州（前出）議会選挙が行われた。ギリシャ支援の不人気、連立与党内の不協和音が響き、ＣＤＵは前回２００５年選挙に比べ10・２ポイントも得票率を減らす惨敗だった。投票日直前の７日にギリシャ支援法が通過したことから、世論調査では56％がギリシャ問題を投票の判断基準にしたと回答した。

◇大統領の突然の辞任

さらに、大統領のケーラー（前出）が2010年5月31日、突然辞任を発表した。ドイツ軍の活動に関し、「通商路の確保など我々の利益を守るためには軍事力の行使が必要な時もある」と発言し、左派政党を中心に発言の撤回を求める声が上がっていた。国益のために軍事力を行使する、という考え方が戦後ドイツの外交のあり方にそぐわない、という理由だった。メルケルも積極的に擁護しなかった。

ケーラーは辞任の理由を「（自分に対する批判が）最高位の官職に対する尊敬を失わせた」と語った。もともとエリート官僚だったプライドの高いケーラーにとっては、批判を受けること自体が我慢がならず、屈辱的な発言の撤回よりは辞職の道を選んだのだろう。

辞任はメルケルにとって衝撃だったが、さらに後任の大統領候補選びも難航した。CDU・CSUとFDPの連立与党はニーダーザクセン州首相のクリスティアン・ヴルフ（1959年生まれ）を推し、野党SPDと緑の党が、東ドイツ民主化運動で活躍した牧師のヨアヒム・ガウク（1940年生まれ）を擁して対抗した。

大統領が選出される連邦集会は、連立与党が過半数を上回っており、本来であればヴルフが選出されることは確実だった。しかし、候補者選びがメルケルの独断と見られ、国民的人気のあるガウクが与党内にも支持を広げた。6月30日に連邦集会が開かれ、第1、第2回投票で与党の代議員から多数の造反票が出たため、過半数を得られず、ようやく第3回投票で、ヴルフが第10代大統領に選出された。

メルケルに次ぐ、CDUの有力な州首相が相次いで辞任をしたのもこの時期だった。ギュンター・エッティンガー（1953年生まれ、バーデン・ビュルテンベルク州）、ローラント・コッホ（ヘッセン州）、クリスティアン・ヴルフ、ユルゲン・リュトガース（1951年生まれ、ノルトライン・ヴェストファーレン州）、オレ・フォン・ボイスト（1955年生まれ、ハンブルク市）である。

記者会見で大統領選について話すガウク（2010年6月16日撮影。ベルリンで）

このうち、ヴルフは大統領に、エッティンガーは欧州委員会委員への転出だが、辞任した州首相の多くが、西ドイツ時代から党のホープとして活躍してきた人材で、ポスト・メルケルの首相候補と目されてきた有力者だった。中でも有力視されていたコッホは、党内保守派の潮流を代表する政治家だった。

フォン・ボイストは、州レベルで初めて緑の党との連立を成功させ、CDUの支持層を環境保護派にも広げたと評価されたが、大きく言えば「メルケル一強」の中、次第にCDU内の保守派の離反が始まっていたと見ることができる。

この出来事は、メルケルの次代を担う新しい指導者が、2018年時点でも育っていない後遺症も残している。

このように、メルケル第2次政権は発足以来、ギリシャ債務危機への対応を中心に困難な政治が続いた。それは、2010年の秋の原発稼働期間延長決定まで続くが、2011年以降は支持回復の軌道に乗る。

ユーロ危機対処はその後も、ギリシャへの追加財政支援、恒久的な支援制度「欧州安定メカニズム（ESM）」への拠出など、国民に不人気な政策を実施せざるを得なかった。しかし、野党のSPDと緑の党が親ヨーロッパの立場で、メルケルのギリシャ支援策を支持したことと、この間、懸念されたギリシャの財政破綻が回避され、ドイツ国民は直接的な負担増を実感せずにすんだことが、メルケル政権への信任維持につながった。

そこには、ギリシャに緊縮財政を強く求めると同時に、「ユーロが失敗すれば、ヨーロッパが失敗する」とヨーロッパ連帯の重要性も訴えるという、正反対の立場をまとめるメルケルの政治手腕もあった。

しかし、ギリシャ債務問題は２０１８年を迎えても根本的な解決には至っていない。問題は先送りされただけ、という見方もできる。

そして、ギリシャ支援への世論の反発はやがて、２０１３年2月、反ユーロを旗印にした政党「ドイツのための別の選択（ＡｆＤ）」の発足に結びつく。ドイツ社会の分裂はユーロ危機をきっかけに顕在化し、その後の難民危機によってさらに深刻化する。

◇メルケルとの記者懇談

海外特派員の仕事の一つとして、任地の有力政治家とのインタビューを実現することがある。私もベルリン特派員として、メルケルとのインタビュー実現は常に念頭にあった。例えば彼女の訪日といった機会に、インタビューの申し込みを繰り返した。

シュレーダーの場合、訪日に際して日本人特派員を首相府に集め、記者会見を開いたことがあった。政府広報担当者によると、メルケルはイスラエルの新聞インタビューに答えたのをほぼ唯一の例外として、外国メディアとのインタビューには応じないと決めている、という。

メルケルは年1回、通常夏休みの直前に、ベルリンにある「連邦プレスハウス」の記者会見場で、内外の記者約200人を集めて「Sommerpressekonferenz」（夏記者会見）を開くことが恒例となっている。約2時間にわたり彼女自身が、出された質問に資料を見ずに答えていく。

私も欠かさず出席し質問をするようにしていた。事前に質問を準備してのぞんだが、日本の特派員として何を聞くかはいつも悩ましかった。外国人特派員がドイツの内政問題について聞くのも場違いなような気がするし、といって日本に関わりある話題というのは限られている。

東日本大震災後の2011年7月22日に開かれた会見で、私はドイツのエネルギー転換政策について、「2020年までに温室効果ガス40%の削減目標は可能か。ロシアへの天然ガスのエネルギー依存は安全保障上好ましくないのでは」と質問した。

メルケルの答えは「天然ガスについてはノルウェー、英国など輸入先を多様化している。

ロシアに対する一方的な依存関係にはない。ヴィンタースハルという企業は、ガス田を探索しロシアと長期の契約を結んでいる。温室効果ガス削減については昨秋、エネルギー転換についての包括的な評価をした。余裕はなくなっているし、複雑化しているが、それでもまだ時間はある。40％の削減目標は達成する」という、かなり具体的な内容に踏み込んだ回答だった。

ベルリンの連邦プレスハウスで毎年開かれる「夏記者会見」にのぞむメルケル。左は政府報道官のヴィルヘルム（2007年7月18日）

同じ記者会見場では、1年を通じて毎週月、水、金曜日の3日、定例の政府報道官記者会見がある。政府報道官に加え、各省の報道官が壇上に一列に並び、ドイツ人記者が加盟する社団法人「連邦記者会見(Bundespressekonferenz e.V.)」という団体か、外国人特派員が加盟する「外国人記者協会」(VAP)に属するジャーナリストであれば出席でき、自由に質問ができる。

司会は「Bundespressekonferenz」の記者が当たり、政府報道官には第1次メルケル政権発足から2010

年8月までウルリヒ・ヴィルヘルム（1961年生まれ、2011年からバイエルン放送の最高経営責任者）、その後、ZDFの19時からのニュースの「顔」だったシュテフェン・ザイバート（1960年生まれ）が就いた。

ヴィルヘルムに何度か政府報道官記者会見の場で会い、メルケルとのインタビューを直接依頼した。それが功を奏したのだろうが、単独インタビューではないものの、2009年12月14日、メルケルが首相府で外国メディアとの間で行った「記者懇談」に声がかかった。

2009年の再選後もメルケルが力を入れていたテーマが、地球温暖化対策だった。環境問題に取り組む姿勢は国民にも受けがよい。懇談の目的は、コペンハーゲンでの第15回気候変動枠組条約締約国会議（COP15）出席を前に、外国人記者にメルケルの考えを伝えることにあった。参加者はデンマークのメディアを中心に、ロイター通信、イタリア紙ラ・スタンパなどの記者11人だった。

エレベーターで4階か5階だったと思うが、会議室に上がると、眼下にティアガルテンの森、その先に富士山のような屋根をしたソニーセンターのビルがよく望めた。

メルケルは、その前の週に中国、インドの首脳と電話会談を行うなど、COP15成功に向け精力的に準備を進めてきたと語り、「新たな政治的な枠組みを作ることは可能だ」とも述べ、京都議定書に代わる新たな国際協定合意に向けて努力する姿勢を語った。

さらに、ドイツの掲げる目標として「２０５０年までの気温上昇を２℃以内に抑えることを国際社会に義務づけること。これは野心的な目標だが必要なものだ」と述べた。また、25％削減目標を掲げた日本の姿勢について「オーストラリア、韓国などと共に非常に意欲的な表明」と評価した。

メルケルは気候温暖化対策をライフワークにしようという意欲があったのだろう。しかし、年が明けてからユーロ危機対策に忙殺され、地球温暖化問題は影が薄くなる。

◇原発稼働延長、一転、脱原発へ

メルケルは、一旦、方針を決めて政策を遂行しても、その後の状況や世論が変われば、それに対応して政策をほぼ１８０度転換することもいとわない。経済政策についてはすでに述べたが、もう一つの例が脱原発政策である。

ドイツの脱原発方針は、ＳＰＤ、緑の党の連立によるシュレーダー政権が２０００年６月、電力業界と合意した。２００２年４月には合意に基づき、新規原発建設を行わず、現在稼働している原発については稼働期間を平均32年間とし、原則的に２０２２年までにすべての原発を廃棄することを定めた改正原子力法が施行された。

ＳＰＤと連立していた第１次政権で、メルケルは原発政策に関して、地球温暖化対策に力を入れる立場から、原発廃棄は温室効果ガス削減の点で現実的ではない、と発言していた。ただ、ＳＰＤとの連立協定では、ＣＤＵ・ＣＳＵとＳＰＤの間に原発政策に関する相違があることを認めた上で、シュレーダー政権が電力業界と結んだ協定順守をうたっており、連立相手がＳＰＤでは、原発活用は政策としては掲げられなかった。

しかし脱原発方針に対して電力業界、経済界には強い不満があった。これを受けてＣＤＵ・ＣＳＵとＦＤＰは、２００９年総選挙の選挙キャンペーンの中で原発稼働期間の延長を掲げ、政権発足の際の連立協定の中で、「原子力エネルギーは再生可能エネルギーに代わるまでの橋渡し技術」とするものの、「脱退（脱原発）からの脱退」、すなわち稼働期間延長をうたった。

しかし、連立相手が原発肯定のＦＤＰになっても、稼働延長はなかなか具体化しなかった。何年間延長するか、コンセンサスを得られなかったからである。

産業界は28年間の延長、２０５０年までの原発廃棄を掲げた。電力業界、産業界は、政府への強力なロビー活動を行ったが、連立与党内でも、経済界の意向を受けて長期の延長を主張するＦＤＰのライナー・ブリューデレ経済技術相（１９４５年生まれ）と、８年間延長、２０３０年までの廃棄とする小幅な延長案を掲げるＣＤＵのノルベルト・リュトゲン環境相（１９６５年生まれ）が対立した。

メルケルは将来の緑の党との連立も視野に入れる政治的配慮もあり、大幅延長には慎重と見られていた。

経済界はメルケルへの不信感を高め、２０１０年８月には、ドイツを代表する経営者や政治家ら41人が連名で主要紙に、「拙速な原発廃棄は経済や国民の負担となる」などと、原発早期廃棄反対を訴える意見広告を掲載した。大手化学企業のＢＡＳＦのユルゲン・ハンブレヒト会長（１９４６年生まれ）は「ドイツを脱産業化しようとしている」と言ってメルケルを批判した。この間メルケルは、自分が働きかけなくても合意ができる状態をじっと待っていた。

ようやく２０１０年9月5日、原発稼働期間の延長問題をめぐる連立与党間の協議が開かれ、延長期間を平均12年とすることで合意した。それによって最長２０４０年まで稼働期間は延長されることになった。

一方、稼働延長により収益が増加することを理由に、電力会社に対し２０１１年から16年まで、毎年23億ユーロの「原子力税」を課すことも決めた。

反原発派は稼働期間延長に強く反発した。8月上旬の世論調査機関エムニトの調査で稼働期間延長に反対が59％と、世論も反原発に傾いていた。また、ＣＤＵ・ＣＳＵの支持率は30％前後に落ち込み、緑の党の支持率は25％に達した。

ただ、各当事者や世論に不満は残ったものの、妥協は成立した。その後もＳＰＤ主導の左派政権に戻らない限り、２０４０年までの原発廃棄方針がそのまま継続しただろう。

しかし、２０１１年3月11日（金曜日）の福島第一原発事故が、ドイツの原発政策の全てを変えた。

◇最もセンセーショナルな転換

福島第一原発が危険な状態になっている、との情報は、11日夕刻にはドイツにも伝わっており、ガイガー計測計やヨード剤が売り切れるなどの現象が始まっていた。

同日夜には首相官邸に関係者が集まり、政治的にどう対処すべきかが討議された。約2週間後の3月27日にバーデン・ヴュルテンベルク、ラインラント・プファルツの2州で州議会選挙を控えていたことから、原発に対する考え方を一新し、選挙を控えた州の住民の不安に応える必要性で一致した。

12日にメルケルと電話で話したバーデン・ヴュルテンベルク州のＣＤＵ州首相候補者だったシュテファン・マップス（１９６６年生まれ）は、選挙戦で緑の党の攻勢に対抗するため、メルケル政権が何らかの政治的なシグナルを出すことを求めた。

12日夕方に、首相官邸でメルケルと外相のギド・ヴェスターヴェレ（１９６１～２０１６年、外相在任２００９～２０１３年）が記者会見を行った。

私も出席したが、その際、メルケルは「原発の安全と人々の防護が常に最高の要請」と述べた上で、「安全への高いレベルの要請、基準がある日本でも地震や津波による原発への被害を防ぐことができなかった。従って、ドイツのように同じような安全への要請、基準がある国でも問題にしないわけにはいかない」と発言した。

メルケルは世論を意識し「ドイツの原発は安全」と矛盾する発言も繰り返したが、会見の重点は、「それでも日本で起きたことから何が学べるか問わねばならない」という発言に置かれていた。原発政策の見直しを示唆したのである。

13日には連立与党の幹部が首相府に集まり、国民の不安を真剣にとらえていることを見せるためにも、モラトリアムを実施することを決めた。

そして、15日、国内17基の原発のうち、1980年以前に稼働を始めた古い原発7基と、事故で以前から稼働停止中だった1基の計8基を、暫定的に稼働停止することを発表した。その後、「倫理委員会」という、幅広い有識者を集めた原発の存廃に関する検討委員会を設置した。

委員会は脱原発か否かの判断基準として、「絶対的な拒否」と「相対的な比較検討」の2つの立場があるとした上で、考え方の違いを超えて、全員一致で「リスクの少ないエネルギーに代替するのに応じて、原発利用をやめる可能性がドイツにはある」との結論を下した。

委員会の結論を基に、メルケルは2011年5月30日の連立与党間の協議で、2022年末までの原発廃棄を決定した。それを盛り込んだ改正原子力法は6月30日、連邦議会で可決された。

メルケルの脱原発決断は、当時の多くの政治観察者にとって驚きだった。雑誌「ツィーツエロ」は、「西ドイツ以来の歴史で、最もセンセーショナルな政治的な転換だった。これほど迅速に一つの政党が中心となるトレードマークを放棄したことはない」と書いた。

◇倫理的な脱原発決定

メルケルは2011年6月9日の連邦議会演説で、科学技術では完全には排除不可能なリスクを意味する「残余リスク」(Restrisiko)という概念を使い、福島の事故がメルケルの原子力エネルギーに対する考え方を変えた理由を述べている。

メルケルは事故の前は「(日本やドイツのような)高度な安全基準がある高い技術国では残余リスクは現実のものとならないと確信していた」。しかし、福島の事故によってそれは起こりうることがわかった。そしてそれが起きた場合、その結果は地域的な広がりでも、長期間にわたる点でも甚大になる。

メルケルはツァイト紙のインタビュー(2011年5月12日付け電子版)では「誰でも生活でリスクを冒す。交通も、毎日不測のことがあるかも知れず、リスクの一つだ。しかし、原子力エネルギーのリスクは、時間的に何世代にもわたり、空間的に広がる影響故に、全く違ったリスクだ……原子力エネルギーの『残余リスク』は、それが生じないと確信ができる場合にのみ許容できる。従って福島の事故の後、……どんな別の選択肢があるかという問いが非常に強くなった」と答えている。

「倫理委員会」が再生可能エネルギーの普及で原発を代替できる、との結論を打ち出したことは、彼女の決断を後押ししただろう。

しかし、「倫理委員会」は、与野党の政治家、経済学者、環境学者、社会学者、宗教家などから成り、エネルギー専門家は加わっていない。エネルギーの長期的な需給見通し、電気料金の値上げなどコスト、温室効果ガスの削減目標などを総合的に判断して結論を下したのではないと見られている。

「倫理委員会」の名が示すとおり、社会と科学技術の望ましい関係といった理念先行の結論であり、それがメルケル個人の理想主義や倫理観に合致したのだろう。

2005年から2013年までCDUの中堅企業協会の代表を務め、メルケルについての批判的な著作を出版したヨーゼフ・シュラーマン(1939年生まれ)は、脱原発方針は当初からメルケルら少数の幹部で決定しており、「倫理委員会」はその結論を跡づけたに過ぎない、との見方を示している。

シュラーマンはまた、直後の2州の州議会選挙が決定的な意味を持ったとの見方を示唆している。

ただ、こうした戦術的計算を脱原発の最大の動機と見るのは、メルケルの政治家としての度量を狭く見過ぎるのではないか。メルケル自身も前述のツァイト紙のインタビューで「もし選挙運動がなくても同じことをしただろう」と語っている。

メルケル自身の倫理観に加えて、彼女の決断を突き動かしたものがあるとすれば、原発リスクに非常に過敏で、かつ再生可能エネルギーで全エネルギー需要をまかなうべきだし、まかなうことができると信じるドイツ世論だったと思われる。

メルケルは議会演説の最後に、ドイツは社会的市場経済の導入、ドイツ統一を達成し、世界金融危機の克服をほとんどの国よりよく成し遂げたと述べ、「我々は未来の電力への転換を成し遂げる、世界で最初の産業国となりうる。ドイツでなければどの国がその力を持っているか」と、冷静な予測に基づくよりも、ドイツ人の自負心に訴えることで脱原発を遂行する姿勢を見せた。

しかし、２０１８年の現状で言えば、エネルギー転換の様々な長期目標がどこまで達成できるか、はなはだおぼつかない。

確かに再生可能エネルギーの発電量は増加し、２０１７年には全電力使用量の36・１％に達したが、電気料金の高騰、電気供給の不安定化、減らない温室効果ガス、高圧送電線建設の難航などの問題が山積している。

脱原発というメルケルの決断は、理想主義が先行し、結果を十分見通していないという意味で、第7章で述べる寛容な難民受け入れ決断と通底するものがある。こうした決断をドイツ人の理想主義的な傾向が支えている。

◇戦術核は冷戦の残滓か

第2次政権では安全保障問題でもメルケルの姿勢が問われた。

外相就任が確実視されていたFDP党首のヴェスターヴェレは、選挙直後、2009年9月28日の記者会見で、「冷戦の残滓である核兵器を撤去できるかどうか交渉したい」と述べて、国内に残っている米戦術核兵器撤去に向け米側と交渉する方針を明らかにした。

FDPは冷戦時代に、外相ハンス゠ディートリヒ・ゲンシャー(1927~2016年、外相在任1974~1992年)が、東西緊張緩和外交を推進したことに見られるように、軍縮を党の主要政策に掲げてきた。

当時、北大西洋条約機構(NATO)加盟国のうち、ドイツ、オランダ、ベルギー、イタリア、トルコに150~240発の米戦術核が配備されていると見られていた。戦術核配備は冷戦時代、ワルシャワ条約機構軍の通常兵力侵攻を食い止める目的があった。

しかし、冷戦終結から20年が経過し、東からの武力侵攻のシナリオはもはや想定しがたく、戦術核はすでに「冷戦時代の遺物」とする見方も出ていた。むしろ、管理費用がかかり、テロリストの手に渡る危険性の方が高いとの指摘もあった。オバマ米大統領は「核兵器なき世界」構想を提起しており、戦術核撤去はその実現に向けた第一歩となりうる、との見方もあった。

他の配備国では、ベルギーでも議会の一部に撤去を求める動きがあった。他方、ロシアに対する強い脅威感を持つポーランドやバルト諸国では、早期撤去によって米国の核抑止力が低下する懸念の方が強かった。

当時、核戦略問題の専門家である「科学政治財団」（ＳＷＰ）研究員オリバー・トレーネルト（１９５９年生まれ）に話を聞いたところ、「ドイツから戦術核が撤去されれば、東ヨーロッパ諸国はそれを自国に配備したい、と言い出す可能性もある」と語った。

また、ＣＤＵ系の研究機関であるコンラート・アデナウアー財団研究員のパトリック・ケラー（１９７８年生まれ）は、戦術核が配備され核戦力共有（ニュークリア・シェアリング）が行われてきたことが、米国による拡大抑止（核の傘）を保障してきたとして、「戦術核はＮＡＴＯ結束の象徴的な意味を持つ。東ヨーロッパ諸国が守られているという感覚を持つことが大切だ」と語った。ケラーも、戦術核撤去が進めば、イランの核を警戒するトルコが核保有へ傾斜する危険性がある、と語った。

撤去論は2010年4月22、23日にエストニア・タリンで開かれたNATO外相会議で取り上げられたが、戦術核を当面堅持する方針がアナス・フォー・ラスムセン事務総長（1953年生まれ）から表明され、ドイツ国内の議論もまもなく下火となった。そして、2014年のロシアのクリミア併合、東ウクライナへの軍事介入によって、撤去論はもはや力を失った、と言ってよいだろう。

メルケルはこの問題で積極的なイニシアチブを取ることはなかった。特段発言しないうちに、議論は収束した。

アイルランド出身のジャーナリストで、メルケルに関する著作があるジュディー・デンプシー（1956年生まれ）は、「メルケルは軍事的力には関心がなく、政治的力にのみ関心がある。軍事問題の議論は、平和主義の強いドイツ社会では人気がないことがわかっているから」と指摘する。

ただ、メルケルが軍事問題に全く背を向けている、ということはないだろう。特にNATO、なかんずく米国の重要性はよく自覚しており、その要請と国内世論のバランスを図りながら対処する姿勢を取る。第4章で見たイラク戦争への対応にもそれは現れていた。

2011年3月17日、国連安全保障理事会で、リビア上空の飛行禁止区域設定などを内容とする決議1973に、ドイツは当時安保理理事国になっていた西側諸国で唯一棄権票を投じた。このことは、ドイツの安保政策の消極化を物語る例としてよく引用される。

この際も、当初ヴェスターヴェレ外相は反対票を投じるつもりだったが、メルケルが棄権にとどめるように説得した。また、投票後、「我々はこの決議の目的を深く共有している。我々が投じた棄権票が中立を意味すると誤解されてはならない」と述べて、これまでの外交からの逸脱と受け取られないように意を払った。

◇海外軍事貢献への疲れ

安全保障問題で直面したもう一つの課題は、アフガニスタン平和維持活動でのドイツ軍の犠牲者の増大と、それにともなう世論の変化だった。

冷戦時代、NATOの地域防衛だけに活動を限定していたドイツ軍は、冷戦崩壊後、地域紛争解決やテロ対策など、積極的な役割を求められるようになった。ただ、国際社会との軍事的関わりは、第2次世界大戦の敗戦国ドイツにとっては難しい問題だった。

ドイツの、いわゆる軍事国際貢献の歴史をここでは詳述しないが、日本、ドイツともに冷戦後、1992年のカンボジア国連平和維持活動（PKO）への参加が、最初の本格的な地上軍派遣だった。両国とも、湾岸戦争（1991年）では財政的な支援だけで、軍事的な貢献をほとんど行わなかった外交姿勢が「小切手外交」と批判されたことも共通する。

スタートラインはほぼ一緒だったが、その後、ドイツの貢献の方が質量とも一貫して先行した。中でもアフガニスタンへの軍派遣は、投入された兵力や期間において最大規模の活動であり、多数の犠牲者を出したことで、軍事国際貢献のあり方に大きな議論を呼んだ。

ドイツがアフガンの国際治安支援部隊（ISAF）に軍を派遣したのは、2002年1月で、2001年9月の米国同時テロ後、米軍の攻撃で崩壊したタリバン政権後の治安維持を担う役割だった。

その後、NATOがアフガン全土に展開するにともない、ドイツ軍は北部管区を担当し、2014年末、ISAFが終了するまで、一時は5000人余りの兵力が派遣された。

国防相ペーター・シュトルック（1943〜2012年、SPD、国防相在任2002〜2005年）の2002年の発言「ドイツの安全はヒンズークシュ（山脈）で防衛される」は、ドイツではよく知られる。

ドイツの安全にとって地理的遠近はもはや意味を持たず、特にグローバル化するテロリズムに対しては、たとえドイツから離れた地（例えばヒンズークシュ）であっても、そこにある訓練基地を壊滅したりしてテロリズムの土壌を解消する必要がある、といった安全保障思想を表した言葉だった。

しかし、アフガンでは次第にタリバンの勢力が復活し、他のＮＡＴＯ諸国から、北部よりも治安状況が悪化している南部に兵力を割いて欲しいという要請が強まった。この件は２００６年11月、ラトビアの首都リガで開かれたＮＡＴＯ首脳会議で討議されたが、ドイツは戦闘部隊の南部移駐には同意しなかった。その代わり、偵察任務に就くトルネード機を６機程度、派遣した。

事態は改善せず、南部が中心だった戦闘地域が次第に北部にも波及していった。ドイツ軍を標的にしたテロ活動も活発化し、ＩＳＡＦの終了までに、テロなどによる戦死者35人、事故などによる死者21人を数えた。

犠牲者が出るたびに、ドイツ国旗に包まれた棺がケルン・ボン空港に到着し、それを関係者が出迎える、というシーンがドイツのテレビで放映された。その映像がドイツ世論に与えた影響は小さくないと思われる。

◇アフガンは戦争状態

2010年2月10日、議会演説でヴェスターヴェレ外相は、「反乱者（タリバン）との間の武力による対決の激しさから判断し、国際人道法（戦時国際法）の言う武力紛争に当たる」と、政府として初めて、ドイツ軍が担当しているアフガン北部地域が「戦争状態」であることを認めた。

それまでの政府見解では、アフガンへの派遣目的はあくまで治安維持や復興であり、アフガンでの紛争を戦争と認定することはいわばタブーだった。しかし、すでにタリバンとの本格的交戦もしばしば起きており、特に2009年9月3日、ドイツ軍の要請に基づき米軍が行った空爆で、アフガン人140人余りが死亡した事件は大きな波紋を呼び起こした。

総選挙直前に起きたこの事件は選挙にも影響を与え、当時国防相だったフランツ・ヨーゼフ・ユング（1949年生まれ）の辞任（辞任時は労働相）にもつながった。議論の流れは大きく変わり、政府もアフガンの厳しい現状を認めざるを得なくなった。

戦争状態の認定は、仮にドイツ軍兵士が民間人を殺害した場合、兵士の責任を問うのに、国内法である刑法に基づくのか、国際人道法に基づくのか、という問題が絡む。国際人道法が適用されれば、任務遂行のためであれば、相手から直接脅威を受けていなくても、タリバン兵士を攻撃することが許される。民間人を巻き添えにしても、法律用語で「相当性の原則」に照らして、行き過ぎた攻撃でなければ許容される。

しかし、戦争状態と認定することは、アフガンでの泥沼の戦争に巻き込まれていく危険性が高まることも意味する。

２０１４年末のＩＳＡＦ終了まで、ドイツ世論のアフガン軍事貢献への評価が好転することはなかった。シュピーゲル誌（２０１３年３月25日号）の「臆病なドイツ人」という記事が、世論の変化をうまく報じている。

――１９９３年４月２日、コール政権がボスニアの飛行禁止区域監視への空軍派遣を決定した。これが戦後初のドイツ軍の海外派遣である。その後、ＳＰＤと緑の党の左派連立のシュレーダー政権で、アフガンやコソボへの大規模な軍派遣が続いた。

大きかったのは緑の党の変化だった。平和主義志向の強い同党で、ボスニア紛争で繰り返された民族虐殺を止めるため、という理由で党の合意を何とか作り出すことができた。「アウシュビッツ（に象徴されるユダヤ人殺戮）を繰り返さない」という人道的介入の論理だ。

しかし、メルケル政権ではむしろ後退した。「メルケルとヴェスターヴェレ（外相）のもとで、ドイツ外交は以前の古い、未熟な不確定に逆戻りした……政府は不愉快な決定に直面する勇気に欠けている……ドイツは平和主義へ逆戻りを経験している」

シュピーゲル誌（電子版）によると、ＩＳＡＦ活動終了を期して行われた２０１４年12月の世論調査では57％が、ドイツが払った犠牲に見合うだけの意味はなかった、と回答している。

ガウク大統領（ヴルフが、汚職疑惑により辞任後の２０１２年から２０１７年まで大統領を務める）は、２０１４年１月、「ミュンヘン安全保障会議」の講演で、「ドイツは（ナチという）歴史的な罪をいいわけに、世界情勢に背を向けてはいけない」と述べて、軍事貢献を含めもっと責任を担わねばならない、と呼びかけた。

こうした問題提起は近年繰り返されるが、ドイツ世論の現状はそれを支えるだけの意思を欠いている。

ＮＡＴＯのイメージ悪化は米国に対するイメージ悪化につながり、ドイツの西側世界との距離の拡大、ロシアへの接近の遠因になっている、との見方もある。アフガン軍事貢献の挫折の負の影響は、長く深いものとなっている。

第7章 世界の救世主か破壊者か〈第3次、4次政権〉

2013-2017

西暦年	メルケル関連	ドイツの出来事	国際社会の出来事
2013年	9月、第3次メルケル政権発足。	2月、「ドイツのための別の選択（AfD）」発足。 9月、第18回連邦議会選挙で、CDU・CSUの得票率は45・1%。第1次政権と同様、SPDとの大連立政権となる。	11月、ウクライナのヤヌコビッチ大統領が、ウクライナ政府とEUの間の包括協定交渉先送りを発表。これを機に親欧米派による反政府抗議活動が激化。ウクライナ危機勃発。
2014年		7月、EUによるロシア経済制裁発動。 9月、ウクライナ、ロシア、ドイツ、フランス4首脳による停戦合意「ミンスク1」が結ばれる。しかし、調印3日後に戦闘再開。	3月、クリミア半島でロシアの支援を受けたウクライナからの分離派が住民投票を実施して独立を宣言。プーチンはクリミアを独立国家として認める大統領令に署名。 7月、マレーシア航空機撃墜事件。
2015年	3月、来日。朝日新聞社で講演。 9月、難民受け入れのため、国境開放を決定。	2月、「ミンスク1」と同じ顔ぶれで「ミンスク2」合意。停戦、重火器の撤去を定める。 7月、ギリシャに対する第3次財政支援を認めるかどうかを決める欧州理事会で、土壇場でギリシャのユーロ離脱を回避。 12月、大みそかの夜、ケルン大聖堂前広場で、難民など外国人を中心とした若者らによる集団女性暴行事件が発生。	1月、フランスの政治週刊紙シャルリー・エブドの本社が武装集団に襲撃され、12人が殺害。 1月、ギリシャ総選挙で反緊縮財政を掲げるチプラス首相が誕生。ギリシャ危機再燃。 夏頃、欧州への難民の流入が深刻化。 11月、パリで死者130名に及ぶ同時多発テロが発生。
2016年	5月、伊勢志摩サミット出席のため来日。	12月、ベルリンで12人が死亡するテロ事件が発生。	6月、国民投票により、英国がEUより離脱決定。

２０１７年

9月、第19回連邦議会選挙で、ＣＤＵ・ＣＳＵが議会第１党となる。右派政党ＡｆＤも議席を獲得。連立交渉が難航。

1月、トランプ米大統領誕生。5月、マクロン仏大統領誕生。

メルケル首相８年間の政策は、紆余曲折があり一貫していたわけではない。しかし、２０１３年総選挙では、多くのドイツ国民が世界金融危機やユーロ危機への対処を評価し、メルケル個人に信頼を寄せるが故に、キリスト教民主・社会同盟（ＣＤＵ・ＣＳＵ）に投票した。この選挙結果が判明した時が政治家メルケルの最高潮だったかもしれない。

しかし、好調のただ中に、メルケルの権力基盤を掘り崩す芽が胚胎《はいたい》していた。メルケル路線がＣＤＵの「社民化」を進めたことに反発する層のＣＤＵ離反である。２０１５年夏からのメルケルの難民受け入れ政策で、その離反は決定的になった。メルケル個人への信任はメルケル個人への反発に転じた。

２０１７年総選挙で、ＣＤＵ・ＣＳＵが大きく票を減らす一方、右派政党「ドイツのための別の選択（ＡｆＤ）」が国政に初進出したことは、こうした変化を証明した。メルケル12年間の治世を経て、ドイツ政治は大きな地殻変動期に突入した。

◇メルケルへの信任投票

２０１３年９月22日に行われた第18回連邦議会選挙でのＣＤＵ・ＣＳＵの得票率は45・１％で、40％を超えたのは１９９４年総選挙（得票率41・４％）以来だった。

翌日付フランクフルター・アルゲマイネ紙は「ＣＤＵ・ＣＳＵは今回の選挙運動で、公約に賭けたのではない。一人の人物、つまりメルケル首相に賭けたのだ」と書いた。

世論調査機関「インフラテスト・ディマップ」の８月の調査によると、ＣＤＵ・ＣＳＵに投票すると答えた回答者のうち、45％が「メルケルだから」、６％が「ＣＤＵ・ＣＳＵだから」と答えた。２０１３年総選挙はメルケル個人に対する信任投票だった。

ただ、第２次政権で連立を組んだ自由民主党（ＦＤＰ）が、得票率４・８％と議席獲得のために必要な５％を超えられず、議席を失った。結局連立の組み合わせは、第１次政権と同じ、ＳＰＤとの大連立となった。

ドイツ国民にとって一番大きかった信頼の源は、世界金融危機やユーロ危機に対する対応だろう。経済成長率は2009年にマイナス5・57%と落ち込んだが、2010年プラス3・95%、2011年3・72%と急回復を遂げ、先進主要国の中ではいち早く経済危機からの脱出に成功した。失業率は2009年に一旦上昇したが、それ以降は一貫して下がり続けている。

国民の多くは、メルケルは国民の負担を最小限にとどめつつ経済崩壊を阻止したと、その政治的手腕を評価した。

◇ウクライナ危機でシャトル外交

ウクライナで2013年11月、ヴィクトル・ヤヌコビッチ大統領（1950年生まれ）が、ウクライナ政府と欧州連合（EU）との間の包括協定交渉の先送りを発表した。それをきっかけに親欧米派による反政府活動が激化した。

2014年2月には治安部隊導入で数十人の死者が出た。ヤヌコビッチは混乱を収拾できずロシアに逃亡し、2月22日に大統領職を解任された。

これに対し、クリミア半島でロシアの支援を受けたウクライナからの分離派が3月16日、住民投票を実施して独立を宣言し、18日、ロシアとこの「クリミア共和国」代表との間で、ロシアへの併合を定めた条約が調印された。

これと並行して、ウクライナ東部2州で親ロシア派武装勢力が独立を宣言し、政府軍と親ロシア派武装勢力との間の紛争が勃発した。武装勢力にはロシア兵が加わっており、ロシアが背後にいることは明らかだった。7月17日に、マレーシア航空機撃墜事件が起き、親ロシア派武装勢力が発射した地対空ミサイルによる可能性が高いことが明らかになった。この撃墜事件を機に本格的な対ロシア経済制裁が実施され、ドイツを含むEU諸国もそれに加わった。

2014年6月6日、ノルマンディー上陸作戦の記念式典の場で、メルケルがイニシアチブを取り、ウクライナ大統領のペトロ・ポロシェンコ（1965年生まれ）、ロシア大統領のプーチン、フランス大統領のフランソワ・オランド（1954年生まれ）などとの間で和平交渉が行われた。ノルマンディーからミンスクに交渉の舞台は移り、9月5日、ポロシェンコ、プーチン、メルケル、オランドの4首脳が会談し停戦合意が結ばれた。

しかし、この「ミンスク1」協定は調印3日後には破られ、戦闘が再開した。2015年の年明けからは親ロシア派武装勢力が大攻勢をかける事態となった。

事態悪化に直面し、ウクライナ政府軍に武器を供与し戦闘を有利に展開しなければならない、とする米国と、あくまでも外交交渉で和平実現を目指すべき、とするドイツとの間で意見の相違が生まれた。

米国が武器供与をすれば、戦闘激化を招くと危機感を募らせたメルケルは、「ミンスク１」と同じ顔ぶれで２０１５年２月11、12日に再びミンスクで会談し、停戦や重火器の撤去を定めた「ミンスク２」協定にこぎ着けた。

この際のメルケルのシャトル外交は精力的で、キエフ、モスクワ、ワシントン、ブリュッセルなど２万キロを行き来して、当事者と交渉した。プーチンとはそれまでに40回以上電話会談を行った。

それから約３年が経過した２０１８年の時点で、クリミア半島やウクライナ東部２州のロシア支配の既成事実化は進んでおり、ウクライナ問題の解決のめどはたっていない。ウクライナ東部ではしばしば戦闘が伝えられ、対ロシア制裁解除の見通しもない。

ただ、キリスト教社会同盟（ＣＳＵ）党首のゼーホーファーは２０１７年１月、同年末までの制裁解除を求める発言をしたし、ＳＰＤの政治家の一部やドイツ産業界からも、同様な意見がくすぶっている。ＥＵ加盟国では、イタリア、オーストリア、ハンガリーなどから解除に前向きの発言も聞こえる。

ハンガリーのシーヤールトー・ペーテル外務貿易相（1978年生まれ）が2017年2月14日、東京都内のホテルで記者懇談を行った際も、制裁について「経済的、政治的にも失敗した。今のやり方では制裁をやめた方が合理的ではないか」と見直しの必要を明言した。

一方、メルケルは制裁について、2017年5月2日、ロシア・ソチでプーチンと会談した際も、ミンスク合意の履行に前進がないことを理由に挙げ、継続を明言した。メルケルは対ロシアに関して原則を貫こうとしている。

◇瀬戸際でユーロを救う

ユーロ危機は、ギリシャの構造改革の遅れや政治的混乱が、危機の再来をもたらす事態が繰り返されたが、2012年7月、マリオ・ドラギ欧州中央銀行（ECB）総裁が、「国債購入プログラム」（OMT）実施を表明して以降、小康状態となった。しかし、2015年初めからのギリシャの政治的混乱により危機が再燃し、ギリシャがユーロ離脱の瀬戸際まで行く展開を見せた。

2015年1月25日に行われたギリシャ総選挙で、反緊縮財政を掲げる急進左派連合が第

１党となり、党首のアレクシス・チプラス（１９７４年生まれ）が首相となった。

チプラスはＥＵ、国際通貨基金（ＩＭＦ）、欧州中央銀行（ＥＣＢ）との間で債務の削減を求め再交渉を開始したが、６月に決裂した。さらに、チプラスが急遽実施した7月５日のギリシャ国民投票で、反緊縮方針への支持が確認されたことを経て、7月12日に行われるギリシャに対する第３次財政支援を認めるかどうかを巡る欧州理事会が、ギリシャをユーロ離脱させるかどうかを決める決定の場となった。

シュピーゲル誌（２０１５年7月18日号）によると、ドイツ財務相のショイブレ（前出）は、ギリシャ政府には構造改革を進める意思も能力もないと見なしており、ギリシャを一定期間ユーロ圏から離脱させる案を策定し、欧州理事会にのぞんだ。一方、メルケルはギリシャを何とかユーロ圏にとどめたい考えだった。

理事会ではドナルド・トゥスク欧州理事会議長（１９５７年生まれ）を中心に、チプラス、メルケル、オランドの４人が、7月12日（日）午後４時過ぎから翌日午前9時まで、夜を徹して断続的に協議を続けた。チプラスは、国有財産の売却益をＥＵが管理するとの条件以外は全部受諾するところまで妥協した。

メルケルは売却益の一部をギリシャ政府が投資のために使ってよい、という妥協案を出した。ギリシャ政府が使える割合をめぐり引き続き交渉は紛糾し、一旦はメルケルが会議の延期を提案したが、最終的には合意が成立した。ギリシャのユーロ離脱は土壇場で回避された。ギリシャは第1次、第2次財政支援の条件よりも厳しい福祉予算の削減や、増税を義務づけられることになった。

メルケルだけが会議を主導したわけではなく、ショイブレがいわば悪玉、メルケルが善玉の役を演じ分けた、との見方もあった。ただ、結果的にはギリシャのユーロ離脱を防ぐとともに、より徹底した緊縮策の実行をギリシャに約束させるという、メルケルが望んでいたとおりの結果となった。

◇ためらう覇権国

ウクライナ危機、ユーロ危機でメルケルが見せた活躍ぶりを見て、メルケルのドイツは、ヨーロッパ他国を牽引するだけの主導力を持ち始めた、という見方も出始めた。

西ドイツ以来のドイツ外交の原則はナチズムの過去から、突出した行動は避け、北大西洋条約機構（NATO）とEUの枠内で行動する多国間協調を基軸としていた。それに変化が生まれてきたのではないか、という見方である。

ただ、結論から先に言えば、こうした主導性の発揮という点で、まだドイツには限界がある。そのあり方を表現するのに、エコノミスト誌（２０１３年6月15日号）が使った「ためらう覇権国（reluctant hegemon）」という言葉は広く使われた。ナチズムの負の遺産は、まだ自己抑制という形でドイツ外交に刻印されている。

ドイツが主導国になれない理由の第1は、軍事的にはもとより、政治的、経済的にもヨーロッパに覇を唱えるほど強い力を持っていないことである。

19世紀以来、ドイツは「ヨーロッパで覇権を唱えるには弱すぎ、勢力均衡の担い手になるには強すぎる」と言われてきた。ヨーロッパの真ん中に位置している上に中途半端な力であることが、ヨーロッパの不安定を招いてきた、という見方である。

それは政治的、軍事的な視点から見た地政的（geopolitical）な半覇権状態だったが、「ドイツマーシャル財団」フェローの国際政治学者ハンス・クンドナニは、ドイツの経済力にも限界があることを、『地経的』な半覇権国（geo-economic semi-hegemon）」という概念でとらえている。世界金融危機やユーロ危機を経過し、ヨーロッパ経済はドイツ一強の状態になっているが、それでもヨーロッパを経済的に牛耳るほどの力はない。

２０１５年6月にベルリンで話を聞いた時、彼は以下のような見方を示した。

「ウクライナとユーロのケースに共通しているのは、メルケルは対応を強いられたことだ。メルケルはロシア制裁を嫌々ながらやった。マレーシア航空機撃墜事件があって、世論の変化が感じられたので、ロシアに対する強硬政策を進めることができた。ユーロ危機でも最初は何もしたくなかった。2010年5月になって初めて行動した。過去5年を見れば、他のヨーロッパ諸国に対しドイツの経済政策を押し通すことができなかった物語だった。メルケルは5年たってもユーロ危機を解決できない。覇権国なら解決できていただろう」

第2にヨーロッパ諸国は、ドイツが積極的に役割を担うことを求める一方、その台頭に警戒感を抱くというアンビバレントな感情を持っている。

よく引かれる発言が、ポーランド外相ラドスワフ・シコルスキ（1963年生まれ、外相在任2007～2014年）が2011年11月28日、ベルリンで行ったユーロ危機に関する講演の一節である。

シコルスキは、「ポーランドの安全と繁栄にとって最大の脅威は、テロでも、ドイツの戦車でも、ロシアのミサイルでもない。ユーロ圏の崩壊だ」などと述べた後、「私はたぶんこんなことを言う最初のポーランド外相だろうが、私はドイツの力よりもその不作為の方を恐れる」と語り、ドイツが過去にとらわれず主導的役割を担うことを求めた。

他方、ギリシャでは緊縮財政策がドイツからの押しつけととらえられ、反緊縮デモでは、ヒトラーになぞらえたメルケルや、ナチ親衛隊（SS）の制服を着たショイブレが描かれたプラカードが頻繁に登場する。関係悪化のたびに、ギリシャやポーランドから、第2次世界大戦の被害に関する賠償請求が提起された。ナチ・ドイツを「第3帝国」と呼んだことから、ドイツの「第4帝国」化といったセンセーショナルな表現も登場した。

ドイツ外交はこうした対ドイツ警戒感に意を払うことが先に立ち、その抵抗を排してまでヨーロッパを主導するだけの強い覚悟はない。ヨーロッパ他国との協調を軽視することが国益につながらないことを、メルケルをはじめ少なくとも現世代のドイツの政治家や外交官はよく自覚している。

第3に指摘されるのは、こうした制約がありながらも、恐らく無意識のうちに、他国の意向に十分意を払わず政策に踏み切るケースが現れていることである。単独外交(Alleingang)とか特別な道（Sonderweg）といった、戦後ドイツが避けるべきとしてきた傾向が外交姿勢に忍び寄っている。

すでに、世界金融危機への対応において、その兆しがあったことは指摘したが、シュピーゲル誌（2017年6月22日号）によると、単独行動の例は、難民受け入れ政策、エネルギー転換（脱原発）、（ユーロ危機における）緊縮財政の押しつけ、の三つであり、どれも、他のヨーロッパ諸国と十分協調した政策ではなかった。

単独行動を導いているのが、良いことを行っているという倫理的確信であり、従って、ヨーロッパ諸国との協調を軽視してもかまわない、という無意識のうちにドイツ外交に入り込んでいる不遜である。倫理的な単独外交の最も顕著な例が難民受け入れ政策である。

◇難民危機の勃発

ユーロ危機が一段落した頃合いを見計らったかのように、バルカン半島を経由した難民申請希望者（以下「難民」）流入問題がヨーロッパを揺るがす大問題となった。

すでに2013年から、地中海で難民を乗せた船が沈没する事件が報じられ、地中海、イタリア経由でヨーロッパに入国するアフリカ、中東の難民が大きな問題となっていた。ただ、ドイツはまだどこか他人事のような受け止め方だった。

それが劇的に変わったのが2015年夏からで、多数の難民が「地中海ルート」より安全な「バルカンルート」でEU圏に入ることを試みるようになった。ルートの通過点に位置するマケドニアが合法的な領土通過を認めたことが、一つの理由と見られる。

難民の多くが、国境検問の廃止などを定めたシェンゲン条約の加盟国であるハンガリー経由で、難民受け入れに寛容なスウェーデン、ドイツなどの国を目指すようになった。ハンガリーに入国できさえすれば、後はほぼ検問を通過することなしに豊かな西ヨーロッパを目指せる。

ハンガリー政府は、セルビアとの国境にフェンスを設置するなど流入を抑える措置をすでに取っていたが、夏にはブダペスト東駅の構内や周辺の広場に、難民が多数集まり始めた。この駅から出発するウィーンやミュンヘン行きの列車に乗り込むのが目的だった。

ハンガリーは混乱を避けようと、難民がブダペスト東駅構内に入ることを制限したため、列車に乗ろうとする難民との間で緊張が高まった。この様子はドイツメディアでも盛んに報じられ、ハンガリー政府の「非人道的な扱い」に批判が強まった。

また、８月終わりから９月にかけ、保冷車に閉じ込められたまま死亡した難民71人がオーストリアの高速道路で発見されたり、エーゲ海で遭難してトルコの海岸に打ち寄せられたシリア人の３歳男児の遺体写真が、世界的に波紋を呼んだ。これらの出来事は難民問題の悲惨さを印象づけ、何らかの人道的対応を求める世論が高まっていた。

９月４日（土曜日）、業を煮やした一部の難民はオーストリア国境を目指し、列を作り高速道路を歩き始めた。この日のメルケルを中心としたドイツの難民受け入れまでの意思決定プロセスは、ジャーナリストのロビン・アレクサンダー（1975年生まれ）が詳細に描いている。

——メルケルはこの日、ケルンなどの催しに出席するためベルリンを離れていた。難民が徒歩でオーストリア国境に向かったという情報は得ていたが、詳細は把握できなかった。午後8時になって、ようやくオーストリア首相のヴェルナー・ファイマン（1960年生まれ）が、メルケルと電話で話した。ファイマンは徒歩で向かう難民の半分をドイツが受け入れることを提案した。メルケルは即答を避けた。

この間、重要閣僚である内相のトーマス・デメジエール（1954年生まれ）は病気で連絡を取れなかった。SPDのシュタインマイヤー外相とは電話で相談したが、CSU党首のゼーホーファーには電話をかけたが話すことはできなかった。

メルケルは夜、飛行機でベルリンに到着するとそのまま自宅に戻った。そこで午後11時30分過ぎ、ファイマンと改めて電話で話し、難民を受け入れるために国境を開放するというファイマンの考えに同意することを伝えた。

後に両人とも、この決定は「緊急の人道的な措置」だったと語っているが、ハンガリー首相オルバン・ヴィクトル（1963年生まれ）は、この際、全ての難民を国外に出すつもりで、すでに周到に準備していた、とアレクサンダーは推測している。

というのは、ファイマンはオルバンに国境の開放を伝え、オーストリア - ハンガリー国境にバスを派遣することを伝えたが、すでに難民を乗せた100台以上のバスがオーストリア国境に向かっていた。バスにはブダペスト市内にいた難民だけでなく、東部のセルビア国境にいた難民も乗っていた。

ベルリンの首相府で共同記者会見にのぞむメルケルとオルバン（2012年10月11日）

◇「難民男性はプール入場お断り」

難民のほとんどは鉄道でドイツを目指した。翌5日、6日には、2万人の難民がミュンヘン中央駅に到着した。駅舎は「ドイツにようこそ」といったプラカードを掲げ、食料や衣類を配るドイツ人ボランティアで埋まった。ドイツ人の間では「善行」への自己陶酔が満ちていた。

メルケルはラインラント・ポスト紙（9月11日付け電

子版）のインタビューで、「難民の基本的権利には上限がない。そのことは内戦の苦しみから我々の所に来た難民にも当てはまる」と言明し、視察先の難民収容所では難民たちの求めに応じ、快く一緒に写真に納まった。そうした写真はソーシャルメディアを通じ、瞬く間に世界に広がった。

到着する難民はほとんどが若い男性であり、頻繁に携帯電話、スマートフォンで話している姿が目撃された。多くがいわゆる経済難民で、仕事などについての情報を仲間と交換し合っているのだろう。家族そろって着の身着のまま、憔悴《しょうすい》しきってたどり着いた人々、という本来の難民のイメージからはほど遠い姿だった。

そこに不自然さを感じないドイツ人の自己陶酔は危うさを感じさせるものだった。ドイツ人のユーフォリア（強い高揚感）や、メルケルの発言、振る舞いから、「これでは難民流入に歯止めがかからなくなってしまう」と直感的に感じた人も多かっただろう。

ドイツでは2015年には89万人、2016年に28万人が難民申請希望者として入国した。そのうち、2015年に48万人、2016年には75万人が難民申請を行った。EU全体では2014年に56万人だった難民申請者は2015年126万人、2016年に120万人となった。

難民の大量流入は、ドイツをはじめヨーロッパの社会に多大な混乱を引き起こした。ドイツの地方自治体は難民受け入れのために、体育館などの公共施設を難民収容施設に提供するなど貢献を余儀なくされた。２０１５年10月には、ノルトライン・ヴェストファーレン州の自治体の首長２００人が連名でメルケルあてに、施設の収容能力が限界に来ており、難民支援に携わる人も疲労困憊していると訴える手紙を送った。

混沌の例を挙げればきりがないが、ノルトライン・ヴェストファーレン州ボルンハイムでは、市営プールで難民の若者による女性への性的嫌がらせがあったため、男性難民の入場を一時禁止する措置を取った。難民同士の抗争、排外主義者による難民収容施設への放火事件なども多発した。

ただ、２０１５年の秋から冬にかけて、大きな混乱や反発はありながらも、全体としては「歓迎文化」（Willkommenskultur）は維持されていた。それが大きく難民受け入れ批判の方向に変わったのは、２０１５年の大みそかの夜、難民など外国人を中心とした若者らによる集団女性暴行事件が、西部ケルンの大聖堂前広場で起きたことがきっかけだった。

２０１６年7月下旬に南部ヴュルツブルクなどで、イスラム国（ＩＳ）から指令を受けていたと見られるテロ、ミュンヘンではイラン系ドイツ人による集団殺傷事件が起きた。２０

16年12月19日には、ベルリンのクリスマス市にトラックが突っ込み、12人が死亡するテロ事件が起きた。

◇ドイツは「道徳帝国主義」

メルケルの難民受け入れ方針は、当初、過半数のドイツ人から支持を得た。しかし、同時に、ドイツの一部政治家や周辺国から強い批判の声が上がった。

バイエルン州首相のゼーホーファー（前出）は、メルケルの難民受け入れ表明に対して、「難民受け入れ決定は間違い。今後、我々はこの間違いに長期間取り組まねばならなくなる。ドイツは制御不可能な苦境に陥るだろう。一度はずした栓をもう一度瓶に戻すわけにはいかない」と批判した。

メディアはおおむね国民の善意を称えたが、一部に批判的な見方が提示された。シュピーゲル誌（2015年9月19日号）は、「メルケルはドイツをヨーロッパの道徳的な主導国家にしようと試みている」と書いた。フランクフルター・アルゲマイネ紙発行人のベルトホルト・コーラー（1961年生まれ）も、メルケルの受け入れ政策に「メルケルの特別な道(Sonderweg)」（2015年9月11日付け電子版）と批判的な論陣を張った。

「首相は彼女の言葉と行動でより多くの移民を引き寄せている。国家秩序、政治の理性というルールをさらに失効させねばならないのか。ドイツは一つの極端からもう一つの極端に流れやすい」

難民受け入れから1年を経た記事「メルケルのマンハッタン計画（第2次世界大戦中の原爆開発計画）」（2016年8月30日付け電子版）では、英国のEU離脱決定はドイツの難民政策が影響を与えたとした上で、「何十万人もの外国人の同化という最も大きな課題は依然として人々に課されている。何十年もたって初めてそれが達成できたかどうかわかる。メルケルは人道主義のマンハッタン計画でドイツを道徳的な大国にした政治家としてか、あるいはドイツを社会的、文化的、宗教的な紛争に陥れた首相としてか、歴史の教科書に記載されるだろう。これほどまでに巨大な実験に一人の物理学者が踏み切ったことはない」と書いた。

また、東ヨーロッパ諸国の指導者たちの反応も厳しかった。オルバンは、2015年9月23日、難民受け入れ数を各国に割り当てるドイツの案に対して、「ドイツが決定することは、自国にのみ適用すべきだ。他国にその意思を強制してはならない。ドイツは道徳的帝国主義だ」と語った。

ハンガリー外務貿易相のシーヤールトー（前出）は記者懇談で、「世界的な大量の人の移動は世界中でテロの脅威をもたらす。非常に危険な傾向だ」という認識を述べた上で、「人の移動を歓迎しなければならないとするやり方には反対。誰を入国させるかは国家主権の問題だ」と真っ向から批判した。

ポーランド外相のヴィトルド・ヴァシュチコフスキ（1957年生まれ）も、2017年5月19日、東京で話を聞いた際、ドイツが主導しEUでまとめた加盟国への難民割り当てについて、「EU官僚が決めた受け入れ数の割り当ては、（非人道的な）強制的な再定住政策だ」と述べた。

◇「社民化」で取り残された人々

ドイツ人のメルケルに対する強い拒否感の受け皿となったのが右派政党「ドイツのための別の選択（AfD）」だった。

AfDは2017年総選挙で下院に初進出した。また2014年8月に行われたザクセン州の州議会選挙以来、2017年10月のニーダーザクセン州選挙まで、14州（ドイツは全16州。ベルリン、ハンブルク、ブレーメン各市も州相当）で行われた州議会選挙全てで、議席獲得に必要な得票率5%を超え、議席を得た。

西ドイツ以来、右派政党でこれほどまで成功した党はない。

ＡｆＤは難民危機が起こる前の２０１３年４月14日に結党したが、その出自は前述のようにメルケル政治に深く関係していた。新自由主義の立場から、ドイツのユーロ圏からの離脱を主張する反ユーロ政党として発足したのがＡｆＤだった。自由競争、自己責任の立場を徹底すれば、債務危機はギリシャの自助努力で解決すべき問題であり、ドイツがギリシャの財政支援をすることは許されない。

ハンブルク大学教授の経済学者ベルント・ルッケ（１９６２年生まれ）が最初の党首となった。さらに、１９９９年のユーロ導入に反対し、訴訟を提起したりした経済学者グループの一人ヨアヒム・シュターバッティ（１９４０年生まれ）や、ドイツ産業連盟（ＢＤＩ）元会長のハンス＝オラフ・ヘンケル（１９４０年生まれ）なども参加した。

さらにもう一つの政治潮流が加わった。ＣＤＵ・ＣＳＵよりも右寄りの国民保守的な立場で、ＣＤＵを離党したアレクサンダー・ガウラント（１９４１年生まれ）や、フラウケ・ペトリ（１９７５年生まれ）がその考え方を代表していた。この二つめの潮流も、もう少し長期的な意味でメルケル政治の帰結を現している。

メルケル政権でＣＤＵは、それまでＳＰＤや緑の党が掲げてきた徴兵制の停止、非伝統的な家族政策、同性愛者の権利拡大、二重国籍の容認、最低賃金の導入、そして脱原発といった政策を取り込んだ。キリスト教民主主義の理念で、中間から右寄りの層を糾合していたＣＤＵだが、メルケルのリーダーシップで、「社民化」の傾向が顕著となった。

それは、ドイツ社会の変化を受け、より多くの支持を得るための左へのシフトであったが、ＣＤＵの支持基盤であった国民保守層が取り残された。彼らはＣＤＵに失望し、すでに難民危機以前からＣＤＵ離れを起こしていた。

ＡｆＤにおける、新自由主義と国民保守主義（ナショナリズム）という二つの潮流は、左傾化したメルケル政治に対する反発を共有する。この二つを統合する立場も可能だろうが、一般的には、それぞれの思想を担う人間は肌合いが違う。この二つの潮流の間で路線闘争が起きるのに、時間はかからなかった。

２０１５年7月4、5日に行われたエッセン党大会でのＡｆＤ党首選挙で、ペトリがルッケに勝利したことでその内紛に決着が付き、ルッケはＡｆＤを離党した。ＡｆＤ党内での新自由主義派の影響力は低下した。

これによってＡｆＤは支持を大きく低下させたが、まさにこの党大会の直後に難民危機が本格化した。その結果、国民の難民受け入れへの反発を背景に、ＡｆＤは全国世論調査で10

％前後の支持率を維持することになる。

ＡｆＤはヨーロッパ各国で台頭するいわゆるポピュリズム政党として語られることが多いが、その一つの特色とされる一過性の政治現象では恐らくない。ＡｆＤの勢力拡大はドイツ政治の構造的な変化を反映しており、固定した支持基盤を持つだけの必然性がある。

◇ＡｆＤ定着の衝撃

ナチズムという負の歴史を抱える戦後ドイツでは、ナチ復活はもとより、ナショナリズムも否定すべき対象とされた。諸外国からしばしばナチ呼ばわりされる屈辱を払拭しようとすれば、ドイツ人は生まれ変わったことを証明しなければならない。社会や政治にナチやナショナリズムの兆候がないか警戒を怠ることなく、仮にそれが兆せば是非もなく否定しようとするのがドイツ知識人である。ＡｆＤもその意味で否定の対象である。

西ドイツ以来、これまでのドイツ政治では考えられないＡｆＤの広範な支持はどこから来るのか。

まず指摘すべきは連続性の側面である。つまり、広い意味での「政治的な正しさ」への反発やエリート層に対するルサンチマンが、もともとドイツ社会には潜在していた。

私は20年ほど前、ベルリンの通りや広場に、歴史的な女優マレーネ・ディートリヒ（1901〜1992年）の名前を冠する動きが起きたとき、それに反対する数人のベルリン市民にインタビューしたことがある。ディートリヒは第2次世界大戦中、米軍の慰問など反ナチの運動を熱心に行い、戦後、1960年の帰国に際しては、一部の国民から「非国民」呼ばわりされた。

反対する人々は極右政党の活動家ではないが、右派的な傾向を持つ市民だった。その中の一人は、ディートリヒ帰国に際して抗議デモに参加したと話した。彼らは反対の理由を語る際に、「ナチの悪は否定できないが、歴史問題ではなぜいつもドイツ人が悪者にされねばならないのか」といった、ナチ・ドイツに対する贖罪一色の歴史認識への反発を共有していた。

また、多少親しくなれば、右派的傾向を持つわけではない普通のドイツ人から「ドイツが受け入れた外国人の数が多すぎる」とか「既成政治やメディアはエリートによって牛耳られ、我々の声は反映されない」といった声を聞くことも珍しくない。

ディートリヒに関する取材をした当時、移民としてドイツに来た人の人口（ドイツ国籍を取得した人を含む）は、トルコ系を中心に全人口の20％に迫っていた。移民や難民受け入れによる雇用不安、福祉削減といった経済的な問題や、異質な価値体系、文化や行動様式が自分の生活圏や価値観を侵食することへの拒否感はすでにかなり広がっていた。

それに加え、同性婚容認などエリート主導のリベラルな支配的価値への反発は、長い間、ドイツ社会に伏在してきた。その価値観を「政治的な正しさ」として厳格に求められるほど、反発は鬱屈する。

国によって濃淡はあるが、ヨーロッパ各国で右派政党が伸張し、ポーランド、ハンガリーなどは国民保守政党が政権を取っている。ヨーロッパ諸国に右派政党や政権が生まれる事情と同じ基本構造が、ドイツ社会にも連綿としてあった。ただそれが戦後ドイツ特有の強固な「贖罪文化」故に、顕在化しなかっただけである。

一つドイツに特殊な要素は、そこに旧東ドイツ人の統一ドイツへのルサンチマンが加わることだ。その受け皿はこれまで東ドイツの社会主義統一党（ＳＥＤ）の流れをくむ左派党だった。ＡｆＤは右派政党ではあるが、既成政治を否定する立場を取る同党は、統一後の政治を西ドイツによる支配と見なす東ドイツ人にとって、ルサンチマンの受け皿にもなりうる。左派政党からＡｆＤに支持が流れていることは不思議なことではない。

◇「声なき声」の顕在化

２０１５年夏以来の難民危機のショックこそが、「声なき声」を顕在化させ、ＣＤＵ内の右寄りの支持層の離反を促し、そして、これまで代弁する政党を持たず、選挙では棄権者だったさらに右の層と結び合わせる接着剤となった。ソーシャルメディアの発達が、「声なき声」に半ば公的な場を与えたことも大きい。

ＡｆＤはＣＤＵの右に位置する、一定のまとまりを持つ10％前後の支持基盤を獲得した。これは戦後ドイツ政治史における非連続の局面である。

米国や他のヨーロッパ諸国の右派政治勢力台頭の背景として、グローバル化の勝者と敗者、両者の間の所得格差の拡大が指摘される。この問題はドイツにもあり、確かに一つの要因になっている。

かつての石炭、鉄鋼業の中心地、ノルトライン・ヴェストファーレン州ルール地方は、産業構造転換に悩み失業率も高い。ここで、それまでのＳＰＤ支持者の多くがＡｆＤに流れた。２０１６年の米大統領選挙で見られた、鉄鋼、石炭産業が衰退したアメリカ北東部の「ラストベルト（Lust Belt）」における、いわゆる「トランプ現象」を想起させる。

ただ、ドイツの場合、国全体としては経済が好調なために、グローバル化の経済的な負の側面と、AfDの台頭との間に全体としては強い因果関係はないように思われる。より重要なのは、多数の難民や移民の存在が、ドイツの文化的アイデンティティーを変質させることへの不安であり、他のヨーロッパ諸国と比較しても強固な「政治的正しさ」への反発だろう。

また、米国が死活的に重要だった冷戦時代が過去のものとなったことも、反米親ロシアの傾向が強いAfDの台頭を可能にした。ロシア政府からもAfDを始め、ヨーロッパ各国の右派勢力に対し陰に陽に働きかけが行われていると見られている。

AfDの今後を占うカギは、党の結束をどこまで維持できるかだ。

2017年総選挙を受けた12月2日の党大会では、共同党首にイェルク・モイテン（1961年生まれ）とガウラント（前出）を選んだ。モイテンは経済学者で、新自由主義派に属しているが、歴史認識問題などでは国民保守派に理解がある。ガウラントは国民保守派を代表しており、AfDは全体として、さらに右寄りの性格を強めたと見られている。

AfD支持者にはナチズムに共感する人も含む。テューリンゲン州代表のビョルン・ヘッケ（1972年生まれ）の、反ユダヤ主義的ともとれる発言はしばしば物議を醸し、また、ナチの流れをくむ極右政党である国家民主党（NPD）に関係している党支部が明らかになるなど火種は消えない。党内でナチズム的傾向に対する姿勢には大きな違いがある。その違いをうまく抑え込むことができなければ党内闘争に収拾がつかなくなり、世論の離反を招く可能性もある。

◇「主義」の終焉

ＡｆＤが伸長したとは言っても多数派になることはありえず、既成政党からはいわば村八分の対象であり続ける。ＡｆＤがドイツ政治で与党にならないことは、左派党も国政では連立から排除されていることと合わせ、政権樹立に当たって連立の選択肢を狭めることになる。

西ドイツは「政党制国家」と呼ばれた。ＣＤＵ・ＣＳＵとＳＰＤはかつて40％前後の支持を得ていたこともある。だが両党とも長期低落傾向で、すでに二大国民政党とは言えない。党員数も、ＣＤＵは１９９０年代初頭に75万人を数え、ＳＰＤは１９７０年代に１００万人を超えたが、今は両党とも50万人を下回っている。

西ドイツ時代、二大政党が幅広い国民層を糾合し、ＦＤＰがバランサーとなることで、安定した「ボン・デモクラシー」が築かれた。しかし、１９８０年代に緑の党、ドイツ統一後に左派党、そして２０１４年、ＡｆＤが登場し、多党化が進んだ。

３党連立での政策の摺り合わせは難しく、大連立がほぼ唯一、現実的な組み合わせとして残っている。だが、左右両党によるいわば野合の連立では、政策を判断基準にした政権選択という本来の選挙の意味が失われる。国民の政治からの疎外感は強まる。

投票率は２００９年選挙70・８％、２０１３年71・５％、２０１７年76・２％と過去３回、持ち直しているが、長期的には１９７２年総選挙の91・１％をピークに低下傾向にある。常に特定の政党に投票する固定投票者は減少し続け、浮動投票者の数が増え続けている。

かつて、ＣＤＵ・ＣＳＵ支持者は、カトリック教会での日曜礼拝後に投票所に向かい、ＳＰＤは労働組合が動員をかける、というふうに、組織が主導する投票行動が広く行われていた。１９６０年代には、それぞれ教会信者、組織労働者の支持者の割合が40％を占めていた。今は10％に過ぎない。

政治は「政党より人」の傾向が顕著となっている。

２０１３年総選挙を受けて、コンラート・アデナウアー財団は９月26日、東京で「ドイツ総選挙後のゆくえ」と題するシンポジウムを開催した。

登壇したハンブルクにある「グローバル、地域研究所」（ＧＩＧＡ）アジア研究部長のパトリック・ケルナー（１９６８年生まれ）は、比較政治学の視点から、「政治が複雑化し、国民には政策の良し悪しを判断することがますます難しくなっており、有権者は政治家個人への『信頼』を頼りに選択せざるを得ない状況になっている」と説明した。先進国共通に見られる現象だろう。

ドイツの場合、中道の二大政党であるCDU・CSUとSPDは、脱イデオロギー状況にある。SPDが福祉削減という構造改革を、CDU・CSUが最低賃金制の導入など社会的公正に傾いた政策を採用するという状態であり、政策の差は縮まっている。

共産主義、社会主義、社会民主主義、自由主義といった17〜19世紀起源の「主義」の政治思想は色褪せ、主義を冠した政党は概して衰退している。

冷戦崩壊後のグローバル化の課題に対応するためには、先進国の政治は、予断を抜きにした状況への対応が必須となっている。現代の政治家の役割は、個人の信頼や人気をベースにした脱イデオロギーの柔軟性である。

唯一、CDUのキリスト教民主主義は、キリスト教に基づく価値の基礎はあるが、それは人間の尊厳の不可侵性といった根源的な価値だから、具体的な政策においてはむしろ柔軟な幅のある対応を可能とする。とりわけメルケルのような状況対応型の政治スタイルの政治家にとっては、ふさわしい政党である。

CDU入党の時点で、メルケルがそうした点をどこまで自覚していたかはわからないが、コルネリウス（前出）は「もしメルケルがイデオロギー的につなぎとめられ、右や左に伸縮性を持っていなかったら、首相にはなっていなかっただろう」と指摘している。

第１章に登場したメルケルの数学教師ベースコウも、政治家メルケルについてこう語った。「彼女は超保守主義者ではない。彼女はもっと多様なものに道を開いている。もし正しいと認識したら伝統的なＣＤＵの立場から離れる準備はできている。エネルギー転換、徴兵制などだ。彼女はそれを行う勇気がある。私はそれを変節とは見ない。そのような独自の立場を尊敬している」

◇メルケルの復元力

難民に関連する犯罪やテロが起きるたびにメルケルへの風当たりは強まり、ケルンの難民による集団暴行事件直後の２０１６年１、２月頃は、ドイツ内外のメディアでメルケル退陣論が公然と報じられた。世論調査機関「インフラテスト・ディマップ」によると、メルケルの仕事に満足な人の割合は、１月の58％から２月の46％に急落した。他国に比べれば高い数字のようだが、難民危機の前、２０１５年４月には75％だったので、大きな落ち込みであることがわかる。メルケルは、先述のようにそれまで２回、支持率が大きく低迷した時期があったが、この頃が最も世論が離反した時期だった。

難民問題に関してメルケルは、上限なしの受け入れ方針撤回を頑強に拒んできた。ただ、表向きの理想主義的な受け入れ姿勢とは裏腹に、難民流入を制限する政策を次々と実施した。

2015年10月に施行された改正難民法で、アルバニア、コソボ、モンテネグロを政治的迫害がない「安全な国」に指定した。「安全な国」から来た難民申請者は、難民自身が政治的迫害を受けたことを証明できない限り、難民とは認められない。

さらに、2016年3月18日には、EUとトルコの間で、トルコからギリシャに密航した難民は原則的に送還することで合意した。この合意を主導したのが、メルケルだった。トルコからギリシャの島々に流入する難民数は激減した。国連難民高等弁務官事務所（UNHCR）の集計によると、ギリシャの島々の中で最も多く難民が流入したレスボス島へは、2016年に入ってからも、1日当たり2000人以上の難民が流入する日もあった。しかし、合意が実施された3月20日以降は、多い時で500人、4月以降はほぼ100人以下の流入にとどまった。

2015年11月の約20万人をピークにドイツへの難民流入数は減少し、2016年3月から一月あたり1万5000人〜2万人の規模が続いている。こうした目に見える効果が、メルケルへの支持をつなぎとめたと見ることができる。各種世論調査を見ると、２０１６年は支持率の低迷が続くが、２０１７年になると難民危機の深刻化以前の支持率まで回復する。

世論調査機関「インフラテスト・ディマップ」の２０１５年12月の調査によれば、メルケルの難民政策に対して「非常に満足」が７％、「やや満足」が35％、「やや不満」が33％、「非常に不満」が24％となっている。この頃が難民流入のピークだったが、それでも４割以上が難民受け入れを肯定的に見ていた。

メルケルの振る舞いは、理想の旗を降ろさないことで、大量流入の事態に直面しても難民受け入れに肯定的な３～４割の世論の支持をつなぎとめつつ、現実的な政策で難民政策に不満を持つ層にも支持を広げるしたたかなやり方に見える。受け入れに否定的な人は57％で、その中では「非常に不満」と回答した人の割合が高いのが目に付くが、この層から支持を得ることは、そもそも断念しており、メルケルの突き放したようなＡｆＤに対する姿勢にもそれは反映されていた。

ただ、そうしたやり方も２０１７年総選挙の結果を受けて、継続が難しくなった。10月８日にはＣＤＵとＣＳＵの協議が行われ、原則として年間の難民受け入れ数を20万人とすることで合意を見た。メルケルも「上限なしの難民受け入れ」という理想の旗を降ろさざるを得なくなった。

また、ＡｆＤに流れた支持者を取り戻す必要に言及したことも本書の冒頭で述べた。メルケルもついに、ＡｆＤを一つの政治主体として意識せざるを得なくなったのである。

◇ドイツ人好みの人物像

支持率に陰りが見えても、やがて回復する復元力が12年あまりのメルケル政治の特色だった。

それは理想を掲げながら、現実には柔軟に対応する巧みさが一つにはあるが、究極的にはメルケルの人間性に帰することができるのではないか。

確かに難民政策を中心に、メルケル政治に対して根本的な懐疑の念を抱くドイツ国民は増えている。しかし、だれも彼女が私財を蓄えようと立ち回っているなどとは考えない。歴史に名を残したいとは考えているだろうが、仕事で成果を上げることでそれを成し遂げようとしており、虚飾がほとんどない。

シュレーダー（前出）は「メディア首相」とも言われ、身ぶり手ぶりからしてメディア受けを狙ったが、メルケルはそうした演出を嫌った。

２０１０年４月８日にベルリンでメルケルの伝記の作者であるラングート（前出）にインタビューする機会があり、メルケルの高支持率が話題となった。

ラングートは、「人気の秘密は、彼女は謙虚であり現実的できわめて勤勉なことだ。そういう人間をドイツ人は好きなのだ。それに加え政治の様々な問題によく対応する。彼女は政治の細部が好きなのだ。彼女は外国で好かれているから、ドイツでも好かれている。というのは、ドイツ人は外国で尊敬されている人物に国を代表してもらいたい、と思っているから」と語った。

２０１３年９月24日、当時の駐日ドイツ大使フォルカー・シュタンツェル（１９４８年生まれ）が、東京・広尾のドイツ大使館で記者会見を開き、前々日の総選挙結果について解説した。

シュタンツェルも、選挙結果は、メルケルの個人的要因が重要だった、という見方を示した。そして、メルケルの個性とは「安定、（元物理学者らしい）合理性、パニックにならない性格、自足（Selbstgenügsamkeit）といった点にあり、ドイツ人がそうありたい、という価値を体現している。そのことが、国民の信頼に結びつき、国民は今までの政策を続けてほしい、との思いを込めてメルケルに投票した」と述べた。

あるドイツ政府筋は、コール、シュレーダーという2人の首相と比較して、女性政治家としての特質を強調して、概ね次のように語った。

「メルケルにはこの2人の政治家の弱点がない。つまり、男として自分の意思をどうしても通したり、戦う相手を許さないということはない。相手の欠点をでっち上げてでも攻撃し、無理に人を傷つける政治家ではない。エゴを見せるために政治をやっているわけではなく、どうすれば国民にとっていいのか、と考えて政治ができる」

「メルケルの信仰は深いところにある。難民受け入れにしても隣人愛の考え方から来る。新約聖書に出てくるイエスの養父ヨセフも難民となった。メルケルは冷静な物理学者だが、他面、宗教的な考えが強い。それがなければ、SPDに入党していただろう。プロテスタントとして飾りを嫌う。服装もそうだし、話し方も虚飾がない」

確かにメルケルの服装は、お決まりの単色のジャケットに黒色のスラックスである。

ベルリン市内の店舗で、一般の客といっしょに食材を買うメルケルの姿を写した読者提供写真が、しばしば大衆紙に掲載される。大衆紙ビルト（2012年3月5日付け）には、スーパーマーケットのレジに並んで、パプリカ、オリーブ、白ワイン1本などを購入するメルケルの写真が掲載されていた。買い物袋はちゃんと自分で持参していた、という。本人は趣味の一つに料理を挙げているから、時間があれば週末に自分で食材を買って料理するのだろう。

自宅は、ベルリン中心部のペルガモン美術館の前にある4階か5階建ての、おそらく20世紀初頭に建てられた旧館（Altbau）のアパートにある。場所は一等地だが、多少資産がある人なら住める物件である。常時警察官が入り口の前に立っているので、それとわかる程度だ。

ある日の深夜のこと、私が事務所からの帰途、この建物の前を通りかかったら、警察の車両にエスコートされた黒塗りの車がさっと入り口の前に止まり、メルケルがアパートの中に入っていく後ろ姿が見えた。

◇心情倫理と責任倫理

メルケルが難民受け入れを決断した背景には、難民という形で若年労働者を受け入れることが、労働人口減少への解決策となるとの考えがあった、という見方もある。確かに経済界には労働力としての難民に対する期待があった。ドイツでも日本同様、少子高齢化への危機意識は強い。

ただ、メルケルはすでに２０１０年10月16日、ＣＤＵ青年組織の大会で「多文化社会の試みは失敗した。完全に失敗した」と明言し、移民に対しドイツ語能力の向上などドイツ社会への一層の同化を求めたことがあり、移民、難民の同化の難しさは十分認識している。

メルケルの決断を促した中心にある動機は、やはり彼女自身が「人道的な要求」(der humanitäre Imperativ)。ちなみに有名な哲学者イマヌエル・カントの定言的命令は der kategorische Imperativ であり、Imperativ は主に哲学や社会学で戒律、規則、要請などの意味で使われる)だった、と言っているように、彼女自身の心の中にある倫理だろう。

経済的利益という打算ではなく、戦地から逃れドイツに助けを求めている難民を受け入れねばならない、困っている人や弱者を助けねばならない、というメルケルが幼年時代に培った内面の要求である。

有名なドイツの社会学者マックス・ヴェーバー(１８６４〜１９２０年)は、政治家に不可欠なものとして「責任倫理」を挙げた。ある行為がどのような結果をもたらすかを予見し、適切な手段を取ることが、政治家に求められる行動規範である。対になる概念としてヴェーバーが示したのは「心情倫理」であり、宗教者のようにおのれが良いと信じるままに行為するあり方である。メルケルが難民受け入れで見せたのは「心情倫理」の発露だった。

難民危機本格化の以前、2014年大みそかのテレビを通じての国民へのメッセージでメルケルは、すでにドレスデンで始まっていた反イスラムの示威運動「西洋のイスラム化に反対する愛国的ヨーロッパ人」(Pegida) を念頭に、「デモに参加する全ての人に言う。そうした (排外主義を呼びかける) デモに参加しないように。そうした人たちの心の中には、偏見、冷たさ、憎しみさえもあるから」と呼びかけた。排外的思想や運動とはきっぱりと一線を引くことが、メルケルの根底的価値として存在する。

難民受け入れ政策への批判に対してメルケルは2015年9月15日、ベルリンで行ったオーストリア首相ファイマンとの共同記者会見で、「正直言って、緊急事態において親切な顔を見せたことについて謝罪しなければならないとしたら、それはもはや私の国ではない」と反論した。歴史上見られたように、ドイツの政治家はしばしば国民に特定の倫理を強いるほどの使命感にとらわれるようだ。

他方、難民危機本格化の直前の2015年7月15日、ロストックで行われたメルケルと若者たちとの間の公開討論会での出来事がある。

難民申請を却下され、送還が予定されていた14歳のパレスチナ人少女が、「大学で勉強したいが、それができる者がいるのに、私ができないのは残念だ」と訴えたところ、メルケルは「レバノンのパレスチナ人難民収容所には何千という人が収容されている。彼ら、そしてアフリカからの難民を全て受け入れるわけにはいかない。ただ言えることは、難民審査を迅速に進めるが、中には母国に帰らねばならない人もいる」と返答した。

この少女は涙ぐんでしまい、慌てたメルケルが近寄って慰める、というシーンがあった。それがテレビで放映され、メルケルの「冷たさ」を物語ると受け取られた。

メルケルの中にも心情倫理と責任倫理の間で葛藤があるのだろう。

これまで見てきたように、メルケルはおおむね、政治において脱イデオロギーの柔軟性、言い換えれば、責任倫理を自覚した行動を取ってきた。しかし、政策が人権という根本的な価値の領域に踏み込む時、しばしば過度に理想主義的な行動を取った。

ヴェーバーは、責任倫理を持つ成熟した人間（年齢には関係ない）は、ある時点で「他に振る舞いようがない、私はここにたつ」と言う時が来る、と書く。その時、心情倫理と責任倫理は対立するのではなく、互いに補完するものになる、という。

メルケルも難民受け入れに関して、様々な結果を熟慮した上で、「難民入国を認めるしかない。それが私がたつべき立場なのだ」と決断する境地に達したのかもしれない。メルケルの伝記を書いた英国の政治学者マシュー・クヴォートラップが書くように「メルケルは自分自身を再発見した」のかもしれない。

連邦議会ＣＤＵ・ＣＳＵ議員団長のフォルカー・カウダー（１９４９年生まれ）が来日した際、２０１６年３月23日、メルケルが難民を受け入れた理由を聞いたことがある。

カウダーは、「困窮した人を助けるのは人間に対する責任だ。キリスト教的な人間観を元にした政党が『助けない』と言うことはできない。心情倫理と責任倫理を分けることは現実において意味をなさない。メルケルも心情と責任の両面から難民政策を行った」と答えた。

カウダーの意味する責任倫理は、ヴェーバーのそれとは意味がずれていると思うが、メルケルの側近で今のドイツの指導的な政治家が、人道主義を最優先するかのような政治観を公言することは、やはりドイツならでは、という感じがする。カウダーも敬虔なプロテスタントである。

◇geo-ethical な半覇権国

ただし、政治において過度に価値や倫理が比重を持つことは危険を孕む。

第１に、倫理だけで現実の問題に対処することはできない。倫理と現実の乖離が起きるのはほぼ必然で、倫理は偽善へと流れて行かざるを得ない。

難民政策における偽善の例は、バルカンルートの閉鎖を黙認し、その結果として多数の難民がギリシャなどで非人間的状態に置かれたことに見て見ぬふりをした点である。

ギリシャの北隣の国マケドニアが２０１６年３月初めに国境を封鎖したため、行き場を失い、国境付近でテントを張って寒さをしのぐ数万人の難民たちの状況が問題となった。イドメニにある国境検問所では、憤った難民が国境のフェンスを壊し、マケドニア治安当局が催涙ガス弾を打ち込み、混乱も起きた。

シュピーゲル誌記者クリスティアネ・ホフマン（１９６７年生まれ）は、エッセー「メルケルの魔法のトリック」（２０１６年５月７日号）で、難民問題を巡るドイツの現状を批判した。

――メルケルは、ハンガリーの難民の状況が過酷だとして難民を受け入れたが、イドメニや、トルコ‐シリア国境でその後、何倍も非人間的な状況が起きたにもかかわらず、もはや難民を受け入れようとはしなかった。メルケルの難民政策はすでに流入数を減らす政策だが、政策転換したことを認めようとせず、今も人道的な立場に立っているかのような幻想を与えている。

ホフマンは、「こうした幻想が成り立つのは、国民が自己欺瞞に陥っているからだ。つまり、ドイツ人は、今もなお自分たちが正しいことをしている、と思いたいのだ」と喝破する。そして、メルケルは難民政策のジレンマ、つまり、いくら人道的であろうとしても、難民全員を受け入れることはできないと認めなければならない、と現実的な難民政策を取ることを求める。

第２に全体の利益を損じるような結果をもたらすことがある。

メルケルの決断は、前述のように密輸業者暗躍の余地を広げ、不正と悲劇が増した面も否定できない。結果的に世論の分断とＡｆＤ台頭というパンドラの箱を開けてしまった。ドイツ社会は長期にわたる同化問題を抱え、ドイツ社会の摩擦も激化するだろう。

第３に倫理的優越感を懐くと、他者に対する攻撃性を往々にして持つことである。それが他国に向かう場合、内政干渉を干渉とは思わない無神経さに陥っていくことがある。

人権問題を抱える国に対して価値外交を行うことにはそれなりの意味はあるだろうが、日本に対してもその矛先は向かってくる。メルケルは２０１５年３月に訪日した際、朝日新聞主催の講演会で講演し、日本の歴史認識問題や言論状況に注文を付けるような振る舞いをした。

最後に指摘したいのは、ドイツの価値が必ずしもヨーロッパ全体に広がらない現実である。

メルケル外交での倫理の比重の大きさと、それを貫けない現実を考えた時、ドイツは、地政的（geo-political）、地経的（geo-ecomic）だけでなく、倫理面からもgeo-ethicalな半覇権国とも呼べるかもしれない。

メルケルの難民政策は、スウェーデンなど一部の同調する国もあったが、難民受け入れをEU加盟国で分担する構想は実現しなかった。もしメルケルが掲げる倫理が十分な権威を持つのであれば、EU各国がメルケルの要請に従い、難民危機はよほど混乱が少なく推移しただろう。

◇メルケルvs.トランプ

メルケルと米大統領オバマとの関係は、2013年に発覚した米国家安全保障局（NSA）による、メルケルを含むドイツ政治家を対象とした盗聴問題などで険悪化した。しかし、オバマはメルケルにとって、その理想主義的傾向や実務的な政治スタイルが似ていることから、ウマの合う政治家だった。

オバマは2016年11月17日、大統領としての最後の訪問地としてドイツを選び、メルケルと会談した。

会談後の記者会見で、オバマは「世界の舞台でメルケルほど安定した、信頼できる仲間は想像できないだろう」とメルケルを褒め称えた。さらに、「もし、何ができるか知ろうと思い、模範を見つけようと思ったら、また、平和で躍動的な社会を作ろうと思ったら、ベルリン、ドイツ、そしてメルケル首相をよく見るとよい。彼女の人生は、ドイツがいかに多大な成果を収めたかを示している」「もし私がドイツ人だったら（次の総選挙で）メルケルを支持するだろう。それが助けになるかどうかはわからないが」などと、これ以上の好意的な表現はない、というくらいメルケルを高く評価した。

オバマとの会談を報じる報道では、トランプ政権の誕生を念頭に、メルケルを自由な貿易秩序、あるいは難民受け入れで見せた寛容などリベラルな価値の、いわば最後の砦《とりで》として評価する論調も多かった。

トランプ大統領はオバマとは著しく対照的な大統領である。米国の自由や民主主義に強く共感するメルケルであればこそ、その理念を裏切るような発言を繰り返す米国大統領が誕生した時、米国とどうつきあうかは難しい問題となった。

メルケル自身は自制していたが、米大統領選挙の運動中に、外相のシュタインマイヤーはトランプ候補を「憎しみの説教者（Hassprediger）」などと露骨に攻撃したし、トランプはドイツ国民にも非常に不人気な政治家である。

米ピュー研究所の世界の主要国を対象とした世論調査（２０１７年８月）によると、先進国では例外なくトランプは不人気だが、世界の問題に関してトランプが正しいことをしている、と回答したのは、ドイツでは11％で、プーチンに関する同じ問いへの回答25％より低い。ヨーロッパの調査対象国でトランプに関してドイツより数字が低いのは、スウェーデン（10％）、スペイン（7％）だけで、その他は、英国（22％）、フランス（14％）などドイツより高い。ちなみに日本では24％である。

メルケルは２０１６年11月９日、トランプの米大統領選当選の際の声明で、「ドイツと米国は共通の価値によって結びついている。つまり、民主主義、自由、そして、出自、肌の色、宗教、性別、性的志向、政治的立場にかかわらず、人間の権利と尊厳に敬意を払うという価値だ。こうした諸価値の基礎の上で、トランプ新政権と協力したい」と述べた。

主要国首脳の声明を一瞥したが、フランス大統領オランドが「選挙運動期間中、トランプが取ったいくつかの姿勢は米国とヨーロッパが共有する価値や利益に反する」と発言したものの、人権問題を米新政権との協力の前提条件にするような発言をした首脳はいない。

ドイツ政府筋にこの発言の真意について聞いたところ、「メルケルはこれらの価値を無視する政策を取れば、協力関係は難しくなるとはっきりと伝えたかった。おそらく彼女自身が執筆した声明だ」と語った。メルケルは本気で米新大統領を諫《いさ》めるつもりだった。

２０１７年のＧ20議長国がドイツであることから、メルケルは事前調整の目的でワシントンに行き、３月17日、ホワイトハウスで初会談を行った。会談を前にした大統領執務室での記念撮影の際、記者団から握手を求める声が上がり、メルケルがトランプの顔をのぞき込むように「握手をしたいですか」と聞いたが、トランプは前方を見据えたままで、手を動かすこともしなかった。

会談後の共同記者会見では握手をしたから、トランプとしてはメルケルに不快感を持っていることを、一度は態度で示したかったのだろうか。いずれにせよ、同盟国首脳の初会談がこうした形で始まること自体、異様である。

さらに、２０１７年5月26、27日、イタリア・タオルミーナで開かれた先進国首脳会議（サミット、Ｇ7）から帰国した直後の28日、メルケルがミュンヘンの政治的催しで行ったスピーチの一節が、また文字通り世界を駆け巡った。

「他国に完全に頼ることができた時代は、幾分過去のものとなった。そのことを過去数日間で経験した。だから私はただ、我々ヨーロッパ人は自分の運命を本当に自分自身が引き受けねばならない、と言いたい」

ＣＳＵ主催のこの政治的催しは、ビールを飲みながら政治家の演説を聴いて楽しむ、というドイツではよくある趣向のものだった。発言が対米関係を念頭に置いたものだったことは言うまでもない。サミットの前にはブリュッセルでＮＡＴＯ首脳会議があったから、メルケルはトランプとかなりの回数同席し、彼との協調にほとんど絶望した気持ちがあったのだろう。彼女は30日、ベルリンの首相府でのインド首相ナレンドラ・モディ（１９５０年生まれ）との共同記者会見でも同じ言葉遣いの発言をしているから、思いつきの発言ではない。

リチャード・ハース米外交問題評議会会長（１９５１年生まれ）は「この発言は一つの分水嶺であり、（ヨーロッパが米国の関与なしに自分の運命を引き受けることは）戦後、米国が避けようとして来たこと」と自分のツイッターに書き込んだ。

メルケルが辟易したのはトランプであり、トランプが米国の全てではもちろんない。ただ、指導者はその国のその時の状況や価値を体現している。メルケルが「ヨーロッパ人の運命」に言及したことは、ドイツと米国の生存の根本条件とでも言ったものが、隔たったところに来たことを物語っているのではないか。

２０１８年1月、来日した核問題が専門のドイツのシンクタンク研究員と意見交換をしたが、彼は、「トランプだけではない。共和党だけでなく、民主党の外交担当の下院議員の中でも、かつての確信的で積極的な（ヨーロッパとの同盟関係を重視する）大西洋主義者はずっと少なくなっている。研究者の中では、大きな傾向として米国が本質的に変化しているとの見方の方が強い」と話した。

ドイツと米国の関係悪化は、トランプの側に全面的にその責があるわけではない。メルケルの倫理的な政策、特に難民政策がいわば触媒となり、アングロサクソン世界（米国と英国）とドイツの「運命」の違いがあぶり出されたのである。

ドイツではジョージ・W・ブッシュも不人気な政治家だったが、メルケルはブッシュとの良好な個人的関係を築くのに成功し、それが地球温暖化対策などで成果を上げることに役立った。そうした違いを乗り越えた友好関係はもはや難しいほど、両国の「運命」は違ってしまった、ということだろうか。

◇中国なしには生きられないドイツ

米国との距離の拡大に反比例するかのように、中国との関係は年々深化している。ドイツは経済的に中国の市場、資本なしには存続しえないところまで依存度が高まっている。

２０００年代に入ってからだろうか、ドイツでも中国製品を目にすることが多くなった。当初は安かろう悪かろうで、玩具に有害物質が含まれている、といった報道をよく目にした記憶がある。その頃から日常生活で中国の存在が意識されるようになった。

対中貿易は飛躍的に伸びている。ドイツの対中貿易総額は２０１６年、１７００億ユーロとなり、中国は最大の貿易相手国となった。１９７５年以来フランスが最大の貿易相手国だったが、２０１５年は米国が一番だった。２００６年から10年間で対中輸出額は約２・８倍、中国からの輸入額は約１・９倍に増えた。すでに２００２年に、アジア最大の貿易相手国は日本から中国に取って代わられ、その差は開くばかりである。

ドイツ企業の対中直接投資も盛んで、日経新聞（２０１７年5月24日付け）によると、自動車大手フォルクスヴァーゲン（ＶＷ）は電気自動車（ＥＶ）生産で中国メーカー安徽江淮汽車との提携を発表した。ＶＷにとって中国メーカーとの提携は3社目で、外資との提携は2社までとする中国の規制を破る形で実現した。同記事によると２０１５年10月、中国の李《り》克強《こくきょう》首相（１９５５年生まれ）が出身地である安徽省をメルケルとともに訪れ、このとき安徽江淮汽車がＶＷに提携を持ちかけた。

ＶＷの乗用車世界販売に占める中国市場の割合は４割になる。とりわけディーゼル車の排ガス不正問題に直面し、ＥＶシフトを急ぐＶＷにとって中国市場の重要性はますます高まっている。

またここ10年くらいだろうか、注目され出したのが、中国資本によるドイツ企業の買収である。福島第一原発事故の際、原子炉冷却のために活躍した巨大なコンクリートポンプ車の製造メーカー「プツマイスター」が２０１２年、中国企業に買収され話題となった。

中国企業による対ドイツ投資は件数、投資額とともに徐々に増加してきたが、２０１６年は飛躍的に伸びた。直接投資額は年によって変動するため、長期的な傾向を示すものでは必ずしもないが、２０１５年の買収件数は37件、金額９億ユーロ、２０１６年は56件、１３０億ユーロとなった。

ドイツ企業買収や中国の投資環境に関して警戒感も生まれている。２０１６年後半、にわかにドイツメディアで中国警戒論が取り上げられた。

きっかけは２０１６年６〜８月、産業用ロボット生産で世界四大メーカーの一つとされる「クーカ」（他の３社は日本のファナック、安川電機、スイスのＡＢＢ）が、中国家電大手の

「美的集団」によって買収されたことだった。この買収計画について、技術流出につながるとドイツ政府に強い懸念があったと報じられたが、結局、総額45億ユーロで株式の約95％を取得し、買収に成功した。

ただ、いくつかのケースでドイツ政府が買収を許可しなかったことを、フィナンシャルタイムズ紙（２０１６年10月29・30日付け）が伝えている。

同紙で、経済省のマティアス・マハニヒ次官は、ドイツ政府は技術取得を目的にしたものであれば、外国からの投資を許可をしないケースもある、と述べている。

実際、ドイツ政府は中国企業による集積回路メーカー「Aixtron」の買収許可を、「国家安全保障に関わる」として撤回した。米国の情報機関から「Aixtron」の集積回路が中国の核開発に使われる可能性がある、という内報があったからだった。

メルケルは２０１６年６月、９回目の訪中をし、続いて11月には経済・エネルギー相のジグマール・ガブリエル（１９５９年生まれ、経済相在任２０１３〜２０１７年、外相在任２０１７年〜）が訪中したが、ちょうどこの問題がメディアに取り上げられていた最中だった。

中国側はAixtronの買収許可取り消しや中国の脅威を指摘する報道に反発し、中国経済の長期計画策定に力があるとされる共産党中央財経指導小組弁公室主任の劉鶴（１９５２年生まれ）が、ガブリエルとの会談を直前になってキャンセルした。

しかし、警戒論は全体の流れを変えるほどではない。旧知のドイツ外交官に2016年末に話を聞いた際、「中国に対して警戒し、距離を置くようになったのはごく一部の企業家だけ。相変わらず中国市場に期待する傾向は変わらない。中国依存はますます高まっている」と語った。

◇「一帯一路」構想の終着駅

中国は2014年、陸と海で中国と中央アジア、ヨーロッパ、アフリカなどを結ぶ経済圏構想「一帯一路」を提唱した。ドイツはそこでも重要な役割を果たす。ノルトライン・ヴェストファーレン州デュースブルクが、中国からの鉄路の終着駅に当たっているのである。

私は2017年9月、このルール地方のかつての鉄鋼、石炭都市を取材した。市郊外のコンテナ基地では、大型トラックがひっきりなしに行き交い、漢字で運送会社名が大書されたコンテナが積まれていた。鉄道が開通した2011年当初、中国・重慶との間の貨物便は週1本だったが、週25本にまで増えた、と基地運営会社の担当者は話した。デュースブルクはヨーロッパ随一の内陸港で、運河も活用し、中国からの物資はヨーロッパ各地に運ばれていく。

中国政府がデュースブルク・エッセン大学と提携し、大学構内に2009年に設置した孔子学院のマルクス・タウベ教授は、中国に対して極めて好意的な見方を示した。

「トルコ、ポーランド、ハンガリー、ロシアなどの権威主義的政治やトランプ米大統領の支配に鑑みれば、習政権の中国は世界にとって大きな危険と見ることはできない。それどころか世界の安定の碇となっている」

南シナ海における領有権問題について、オランダ・ハーグの仲裁裁判所の裁定を「紙くず」と断じるような今の中国を、「世界の安定の碇」とする肯定的な見方は理解に苦しむが、ドイツの識者の間では広く見られる見解である。

中国の台頭や北朝鮮情勢の不安定化を受けて、2016年10月、英国は空軍戦闘機2機などを日本に派遣し、航空自衛隊と初めての共同訓練を行った。2017年4月には、フランス強襲揚陸艦が佐世保に寄港し、日米英と太平洋で共同訓練を行った。

ヨーロッパ諸国の中でも英国、フランスには、海洋の自由重視の姿勢を、象徴的な形にせよ行動によって示す用意はあるが、ドイツにそれを期待することはできない。米国や日本などとの連携を強め、台頭する中国をバランス・オブ・パワーで抑制するような戦略的発想は、戦後ドイツの安保政策の基本理念にそぐわない。

また、歴史的に見れば、大陸国家ドイツが抱く世界イメージは、概して海洋を通じたグローバルなものではなく、ユーラシア大陸の東方に基本的な関心があったのではないか。中国、ロシアとの関係強化はドイツの「運命」にとって、決して不自然な状態ではない。

◇メルケルの対日イメージ

ある日本外交官は、「メルケルは自由や民主主義の価値を共有する国として日本のことはよく理解している。ガブリエル外相は一度も日本に来ないし、彼の世界観には、米国、ロシア、中国しかないが」と言う。

２０１５年2月9日、在ベルリン日本大使公邸で、ＣＤＵ・ＣＳＵ議員団長のカウダー（前出）への旭日重光章の伝達式が行われた。カウダーは２０１０〜２０１７年、７回来日し、日本‐ドイツ関係の発展に寄与したことが評価された。メルケルの訪日は4回と少なく、その埋め合わせをしている印象も受ける。

通常、外国人に対する叙勲は、10年程度、日本との友好に貢献した人でないと授与しない。カウダーが日本と強い関係を持つようになったのは初来日の２０１０年からであり、条件には合わなかったのだが、外務省の強い要請が受け入れられたという。

この伝達式にはメルケルも出席し、続いて行われた夕食会にも出席した。ドイツ首相が外国公館が開く食事会に出席することはまれなようで、メルケルは他国の外交団への配慮もあったのだろう、「今回の出席はあくまでも例外」と言い残して公邸から立ち去ったという。

この外交官によると、メルケルは日本の高度な科学技術も評価している。2015年3月の来日の際、日本科学未来館（東京都江東区）を訪問し、日本の科学者との懇談を行ったのも一つの表れだ。

1980年代、東ドイツの指導者ホーネッカーは、技術大国日本との関係を重視したから、その頃の日本イメージがメルケルの心の中にも残っていることが考えられる。

メルケルがこの外交官に直接話したところだと、メルケルの夫のザウアーは日本食、特に寿司が好きで、研究の関係でしばしば日本を訪問している。メルケルもベルリン市内の高級食材店で日本食の食材を買うこともある。メルケルは料理好きだが、実際に自宅で日本食を作るのだろうか。

ただ、メルケルは、ロシアに文化的な親近感を持っているが、東洋趣味を窺わせるような発言は私の知る限りない。対ロシアと同様の心情的な親しみを日本に対して持っているわけではないだろう。

◇「西側世界」の解体

過去12年間に「メルケルが変えたドイツ」は、100万人以上の難民が国内に残り、人道と環境を至上の価値として掲げる中欧の半覇権国家となった。

国際環境に目を転じれば、英国が抜けるEU、債務危機を克服できないユーロ圏、難民問題で根本的な国家観の違いが顕在化したポーランド、ハンガリー、制裁対象のロシア、EUへの接近を断念したかのようなトルコ、はるかに価値観の隔たってしまったトランプの米国など、周辺国や友好国との関係が変調を来している。ドイツを取り巻く国際関係は、12年前と比較して厳しさを増している。関係が深化したのは中国だけと言っても過言ではない。

19世紀から第2次世界大戦までは英国が世界の海を支配し、第2次大戦後は米国が、自由貿易を基礎とする経済金融秩序と、日米同盟とNATOを主軸とする安全保障秩序の二本柱で、世界の決定者の役割を果たしてきた。

米国が「アメリカ・ファースト」を掲げ、世界秩序の主導者としての立場から降りた時何が起きるかが、今如実に示されようとしている。中国が、米国とヨーロッパの関係が揺らぐ間隙を縫って、すかさず割って入ってきている。中国の矢継ぎ早の外交攻勢の一番のターゲットがヨーロッパ、なかんずくドイツだった。

２０１７年1月17日、例年開催される世界経済フォーラム年次総会（ダボス会議）のメインゲストとして、中国国家主席の習近平（１９５３年生まれ）は「好むと好まざるとにかかわらず、世界経済は逃げることができない大海のようなものだ。経済間の資本、技術、製品、産業、人間を遮断するのは不可能だし、歴史の傾向に反する」などと演説し、あたかも中国がグローバル経済、自由貿易体制の守護者であるかのように振る舞った。

２０１７年6月1日、中国首相の李克強はドイツを訪問し、メルケルとの共同記者会見で、「ドイツはEUで最重要のパートナー……メルケルさんは我々が次第に予測不能な世界に生きていると言ったが、中国とドイツの間には安定し、成熟した関係が存在する。我々のこの関係は、世界が平和にとどまることを示す印だ」などと述べた。

李克強は続いて2日、EU本部を訪問し、欧州理事会議長トゥスク、欧州委員会委員長ジャン＝クロード・ユンケル（１９５４年生まれ）と会談し、経済の開放や地球温暖化対策のパリ協定の着実な実行を訴えた。

ドイツメディアは、China と Europe を一つにした Chinopa などという言葉を使い、トランプに対抗して、ヨーロッパと中国がともに自由貿易体制を維持し、保護主義を防止することができるかもしれない、などと報じた。

米国の国際政治学者ジョン・アイケンベリー（1954年生まれ）は、トランプの言動は、第2次世界大戦後の米国が保証人となってきた自由貿易、同盟関係、国際法、多国間主義などの「リベラルな国際秩序」の終焉につながりかねないと警鐘を鳴らす。そして、それが生き延びることができるかどうかは、安倍、メルケルという日本、ドイツの首相の双肩にかかっている、と書いている。（「フォーリンアフェアーズ」2017年5／6月号）

ただ、英国のEU離脱後、結束が弱まったヨーロッパにおいて、英国もドイツを中心とする大陸ヨーロッパも、中国の攻勢に対し弱い立場に置かれる。英国の場合、米国とのいわゆる「特別な関係」を強めることによって、グローバル化の世界を生き延びる道があるかもしれない。反対にドイツは、同じ大陸国家である中国の価値観や世界秩序観に引き寄せられる恐れもあるのではないか。

ロシアについても、今のところEUの意思は保たれており、メルケルは制裁解除に反対する姿勢を譲らないだろうが、ドイツ内外の制裁解除要求にいつまで耐えられるだろうか。

英国はNATOを通じたヨーロッパ安保への関与は続けるものの、EU離脱により大陸ヨーロッパへの関心を弱めるだろう。ロシアに対する強硬姿勢の柱となってきた英国の存在が薄まることで、ドイツの対ロシア接近の新たな条件が生まれるかもしれない。

ヨーロッパ統合の深化が進むとすれば、それはグローバルに開かれたEUではなく、ヨーロッパの利益を最優先した、内にこもった「ヨーロッパ・ファースト」のEUを生み出す可能性もある。

「世界に向けて開かれた（weltoffen）」というのは、ドイツのあるべき姿として、今のドイツで何かにつけ強調される価値だが、その価値観に逆行するように、EUと米国間の自由貿易協定である「環大西洋貿易投資パートナーシップ（TTIP）」に対する大反対デモが起き、また、世界の安保問題に軍を派遣して関与しようという国民の意欲は小さくなっている。

英国抜きの統合深化により、大陸ヨーロッパはドイツ主導の色彩を強めるだろうが、それは中央集権的で規制に縛られ、中国やロシアに依存するこぢんまりとした経済圏となるかもしれない。

自由や民主主義の価値も、もはや主要国を結びつける紐帯とはならず、各国、各地域がそれぞれの地政的な状況と、その国が置かれた歴史に依拠した外交を進める傾向を強めている。

日本にとっても安全、繁栄、自由を保障する居心地よい枠組みだった「西側世界」が崩れることは、生存をも決する深刻な意味を持つ。

この「西側世界」という概念が有名無実化する引き金をメルケルが引いたのだとすれば、時代の転轍点でメルケルが決定的な役割を果たしたと、数十年未来の世界は評価することになるだろう。

あとがき

メルケルと親しく話したことがあるわけではなく、本書で書いたように記者懇談に一度参加したのと、定期的な記者会見で質問を重ねたことが直接接する機会だった。

メルケルの伝記の著者コルネリウス（前出）によると、メルケルは皮肉の性癖を持っており、「人を嘲笑する意地の悪さ」を秘めているという。まだ首相になりたての頃は、「ローマ法王、中国首相、フランス大統領の物まねをして彼らの短所を露わにする」ことをした、と書いている。コルネリウスによれば、皮肉の性癖の例が、テレビのトークショーで「ドイツと聞いて思い浮かぶことは何か」との質問に、メルケルが「美しく密閉性の高い窓」と答えたことだという。

日本人にはわかったような、わからないような皮肉だが、確かに記者会見でもときどき、乾いた冗談を言って記者から笑いが起きることもあり、まじめ一方の人間ではないのだろう。ただ、彼女が記者会見で質問に答える様から私が形作ったメルケル像は、「誠意の人」である。それと、理路整然とした返答からは、合理的に物事に対処する自然科学者、いわば「理系の人」の姿を見る。権力の亡者という評も聞いたことがあり、本書でも権力への勘の鋭さについては指摘したが、ただ、本質的には、むしろそうした世事には恬淡《てんたん》とした人ではないかと思う。引き際は心得ていて、そうとなれば未練を見せることなく、きっぱりと政治から身を引くだろう、という気がする。

ただ、誠実と合理主義が過ぎて、邪悪で不条理な現実に裏切られる。ヨーロッパや世界に大きな影響力を持つドイツ首相の振る舞いであればこそ、そこが一番の問題であると本書で強調した通りである。

あれこれ書いたが、平たく言うと、私の観察からするメルケルとはこんな人間である。こんな私なりのカンを基に書いたのが本書である。

新聞社の海外特派員の最も重要な仕事は、任地の国の政治を追うことである。確かに、関心に応じて取材できる範囲は、国内での仕事よりも広く、例えば音楽に関心があれば、その分野の取材を進めることもできるが、政治の取材を投げ出すことは許されない。

だから、メルケルの政治をたどることは、ドイツ特派員の仕事の本筋である。

ところが、特派員時代、最も時間と手間をかけた取材対象のはずなのに、メルケルの生涯をたどり、メルケル政治の本質を探る作業はとても難しかった。一人の人間の事績の全体像を描くなどという試みは、どだい無謀であることを痛感した。結局、飛び飛びでしか追うことができなかったのだから、いっそのこと、編年体的に跡づける試みはあきらめて、いくつかの、日本人から見て意味があると思われるテーマに絞ってまとめるやり方もあったか、とも思う。本書がどこまでメルケルの本質に迫ることができたかは、読者の評価に任せるしかない。


本書で強調したように、ヨーロッパ、なかんずくドイツは、これから流動化、危機の深化の時代を迎えるだろう。ドイツに対する関心も高くなるのではないか。このあとがきの執筆時点（2018年1月末日）で、キリスト教民主・社会同盟（CDU・CSU）と社会民主党（SPD）の間で行われている連立交渉の帰趨はわからない。

ただ、仮にメルケル第4次政権が発足しても、第1～3次の政権よりもはるかに弱体化した政権になるだろうし、後継者などポスト・メルケルの姿も次第に見えてくるだろう。今後、ドイツで起きる現象を理解する上で、本書が少しでもお役に立てば幸いである。

また、メルケルに関する伝記は今のところ、ほとんどがジャーナリストの手によるものだが、メルケルも、欧米の政治家がほぼ例外なくそうであるように、いずれ回想録を著すだろうし、政治外交資料を使った学術的な研究もこれから現れてくるだろう。今後の研究に、本書が幾分かでも資することを願っている。

本書ではヨーロッパ近代、ヨーロッパ統合理念、あるいはリベラリズム、そうした理念の「限界」に、今のヨーロッパの混乱の原因があるのでは、と書いた。いや、そうした理念の「不徹底」こそが問題なのだ、というのが大方の見方だろうが、私のかなり大胆な見立ての当否は別として、日本が世界に向けて理念的な発信をする資格と意義はあるのではないか、ということを最近しきりと考えている。

こんな話をドイツ人にすると、日本と中国の区別が付かない大方のドイツ人は、自由、民主主義、人権を軽視した権威主義的な東洋的理念を唱道していると受け取るのだが、もちろん日本はそんな段階はとうに通り越している。

自由や民主主義の成熟度において、日本は他の先進諸国と比較して全く遜色《そんしょく》がない。経済的豊かさ、治安の良さ、自由の確立という三つの点において、日本は世界でも最先端の国である。もう少しそこに自信を持った上で、国のアイデンティティーと多様性の均衡、国と国との温情的関係、個人と集団の中庸的結びつき、人間と自然との調和などを、よりよい社会を築くヒントとして、世界に向け発信することができるのではあるまいか。

例えば、今のアフリカ、中東からヨーロッパへの難民流入、それに比べて、アジアでそうした大規模な人の移動は起きていない現状を見るにつけ、福田ドクトリン（1977年）に盛られた東南アジア外交の原則「心と心の触れあう信頼関係」、広く言えば、日本の戦後の途上国援助の姿勢が今の安定に寄与したことを、もっとアピールしてもいいのではないか、と思う。

もっとも東アジア情勢も、全く予断を許さない緊張を孕んでいるから、数年の内に日本の生き方が厳しく問われる事態が生じる可能性も大きいのだが。

出版に際しては、前書に引き続き、光文社新書の三宅貴久編集長に大変お世話になった。記して感謝に替えたい。言うまでもなく、本書の価値判断に関わる部分は私見であることをお断りしておきたい。

２０１８年１月末日

三好範英

三好範英（みよしのりひで）
1959年東京都生まれ。東京大学教養学部相関社会科学分科卒。'82年、読売新聞社入社。'90～'93年、バンコク、プノンペン特派員。'97～2001年、'06～'08年、'09～'13年、ベルリン特派員。現在、編集委員。著書に『特派員報告 カンボジアPKO 地域紛争解決と国連』『戦後の「タブー」を清算するドイツ』（以上、亜紀書房）、『蘇る「国家」と「歴史」 ポスト冷戦20年の欧州』（芙蓉書房出版）。『ドイツリスク「夢見る政治」が引き起こす混乱』（光文社新書）で第25回山本七平賞特別賞を受賞。

メルケルと右傾化《うけいか》するドイツ

2018年2月20日初版1刷発行

著　者 —— 三好範英
発行者 —— 田邉浩司
装　幀 —— アラン・チャン
印刷所 —— 堀内印刷
製本所 —— フォーネット社
発行所 —— 株式会社光文社
東京都文京区音羽1-16-6（〒112-8011）
https://www.kobunsha.com/
電　話 —— 編集部03（5395）8289　書籍販売部03（5395）8116
業務部03（5395）8125
メール —— sinsyo@kobunsha.com

 ISBN 978-4-334-04336-0

919
精神鑑定はなぜ間違えるのか？
再考　昭和・平成の凶悪犯罪
岩波明
附属池田小事件、新宿・渋谷セレブ妻夫バラバラ殺人事件、池袋通り魔殺人事件、連続射殺魔・永山則夫事件、帝銀事件——ベストセラー『発達障害』の著者が明かす精神医学の限界。
978-4-334-04325-4

920
ラーメン超進化論
「ミシュラン一つ星」への道
田中一明
近年、ラーメン店主たちの調理技術は飛躍的に向上し、ついにミシュランの星を獲得する店も誕生。1杯1000円に満たない値段で体験できるその奥深き世界を、「ラーメン官僚」がレポート。
978-4-334-04326-1

921
コミュニティー・キャピタル論
近江商人、温州企業、トヨタ、長期繁栄の秘密
西口敏宏　辻田素子
優れたパフォーマンスを示すコミュニティーの特徴とは？　経済繁栄はいかに生まれ、長く維持されるのか。最新のネットワーク理論とフィールド調査から、ビジネスのヒントを探る。
978-4-334-04327-8

922
手を洗いすぎてはいけない
超清潔志向が人類を滅ぼす
藤田紘一郎
手洗いに石けんはいらない。流水で一〇秒間だけでいい。きれい好きをやめて、もっと免疫を強くする術を名物医師が提唱。あなたの常識をガラリと変える、目からウロコの健康法！
978-4-334-04328-5

923
雲を愛する技術
荒木健太郎
豊富なカラー写真と雲科学の知見から、身近な存在でありながら本当はよく知られていない雲の実態に迫っていく。雲研究者が愛と情熱を注ぎこんだ、雲への一綴りのラブレター。
978-4-334-04329-2

924
追及力
権力の暴走を食い止める
望月衣塑子　森ゆうこ
森友・加計問題の質疑で注目される新聞記者と政治家が「問う意味」を巡り大激論。なぜ二人は問題の本質を見抜けたのか？　一強多弱の今、ジャーナリズムと野党の意義を再考する。
978-4-334-04330-8

925
美術の力
表現の原点を辿る
宮下規久朗
絵画とは何か、一枚の絵を見るということは、芸術とは――。初めてのイスラエルで訪ね歩いたキリストの事蹟から、津軽の供養人形まで。美術史家による、本質を見つめ続けた全35編。
978-4-334-04331-5

926
応援される会社
熱いファンがつく仕組みづくり
新井範子　山川悟
単なる消費者ではなく能動的な「応援者」を増やすことが、生涯顧客価値を高めていく――。熱いファンによって支えられる国内外の会社の事例をもとに、「応援経済」をひもといた。
978-4-334-04332-2

927
1985年の無条件降伏
プラザ合意とバブル
岡本勉
'80年代、あれほど元気でアメリカに迫っていた日本経済が、なぜ「失われた20年」のような長期不況に陥ってしまったのか？　現代日本史の転換点を臨場感たっぷりに描く。
978-4-334-04333-9

928
老舗になる居酒屋
東京・第三世代の22軒
太田和彦
佳き酒、肴は、店主の誠実さの賜。東京に数ある居酒屋の中で、開店から10年に満たないような若い店だが、今後老舗になっていきそうな気骨のある22軒を、居酒屋の達人・太田和彦が訪ね歩く。
978-4-334-04334-6

929
患者の心がけ
早く治る人は何が違う？
酒向正春

良い医療、良い病院を見分けるには？　多くの患者さんに奇跡をもたらしてきた脳リハビリ医が語る、医療の真髄――医療の質、チーム医療、ホスピタリティ――と回復への近道。

978-4-334-04335-3

930
メルケルと右傾化するドイツ
三好範英

メルケルは世界の救世主か？　破壊者か？　メルケルの生涯と業績をたどり、その強さの秘密と危機をもたらす構造を分析する。山本七平賞特別賞を受賞した著者による画期的な論考。

978-4-334-04336-0

931
常勝投資家が予測する日本の未来
玉川陽介

空き家問題、人工知能によってなくなる仕事、新たな基幹産業、国策バブルの着地点――。「金融経済」「情報技術」「社会システム」の観点から「2025年の日本」の姿を描き出す。

978-4-334-04337-7

932
誤解だらけの人工知能
ディープラーニングの限界と可能性
田中潤
松本健太郎

人工知能の研究開発者が語る、第3次人工知能ブームの終焉の可能性と、ディダクション(演繹法)による第4次人工知能ブームの幕開け。人工知能の未来を正しく理解できる決定版！

978-4-334-04338-4

933
社会をつくる「物語」の力
学者と作家の創造的対話
木村草太
新城カズマ

AI、宇宙探査、核戦争の恐怖…現代で起こる事象の全ては「フィクション」が先取りし、世界を変えてきた。憲法学者とSF作家が、現実と創作の関係を軸に来るべき社会を描く。

978-4-334-04339-1